# 我不想活得正確
# 只想活得像自己

朝著心動狂奔，工作、身體、愛情、情慾全面打掉重練的這一年

曾彥菁 Amazing ——— 著

# 各界推薦

Amazing是用自己的肉身走進黑暗，那裡有渴望與恐懼，也有蛻變的寶藏。希望閱讀這本書的所有人，都能被激起勇氣，走進屬於自己的黑暗裡，脫胎換骨地重生。

——柚子甜／心靈作家

謝謝有一本書能夠告訴我們不用做對，不用完美。」

——姚愛寗／宇宙小姐

「翻開本書的你，肯定被幸運造訪了。」寫過許多推薦，我首次如此直白。彥菁這一年近乎奇幻：曾靠岸的工作與愛情，打掉重練，更寬闊地活；從夢想出國，到主動創造旅居機會；異地邂逅三人行，找回身體連結。歷程如此濃密，提煉各面向洞見與勇氣。翻開本書的你，眞的好幸運。

作爲長期好友、同事，我在不同面向陪她經歷，那六公分的大腸是我難以承受之重，卻有幸見她蛻變，獲得她歷險歸來的寶藏。閱讀本書，絕對會獲得意想不到的力量。」

——張婉昀／床邊圖書館館長、前女人迷總編輯

老實說，我沒料到會讀到停不下來。我是一個四十歲、有事業又有三個小孩的女人，對三十歲的夢與體驗已失去耐性。現在的我，金錢與心力都只能花在刀口上，對養家沒幫助的書只能排在待讀清單末端。此外，現實已將我消磨得十分乏味，年輕、自由、誠實的作家對我來說太凶猛，他們會強迫我面對自己的不堪。

但我還是讀下去了，一篇又一篇，詳實記錄著愛情、工作、身體、情慾……敢於探入自我、勇於闖蕩世界，字字安靜卻飽滿，我深受感動甚至被療癒（好強如我本不想承認，但爲了表達尊敬還是承認了）。彥菁，謝謝妳的書寫，回應《淚灑臭豆腐店》裡的妳：我想看妳寫的東西，請繼續寫下所有故事。

——楊雅晴／作家

# 目錄



## 輯一　宛如墜入水底的藍

## 輯二

## 直球對決粉紅泡泡

## 輯三

## 愛情是一萬種灰

## 輯四

## 把自己活成繽紛

## 輯五 留下印記的血色

# 前言
# 女人僻靜營

三十一歲生日，我送給了自己一份禮物——參與女性僻靜營。與十幾位新朋友在臺東海邊的木屋，全然交付自己的身心，談絕望、聊期盼。

出發前我剛把第二本作品的書稿完結，與出版社討論著封面設計、行銷計畫，就像滿懷期待，等待孩子出生的媽媽；又像是已給出全部的產婦，在孩子面世見客前，來到這裡坐月子。

會參加僻靜營的女性，大多都是傷痕累累的吧？她們羞澀、熱情、緊張、大膽、細膩、奔放，所有你想得到的相對形容詞，都可以同時集合在同一個女人身上。

在一場名為「探索生育之地」的工作坊裡，學員們躺在地上，雙腳打開，在老師的引導下，感受自己陰道的情緒。我閉著雙眼，沒有特別的感覺，卻開始聽到耳邊傳來咽咽嗚嗚的哭聲，漸漸變成聲嘶力竭的怒吼。

「把妳的憤怒、不滿全部發洩出來，不要再隱忍了！妳曾經受過的傷，都不再屬於妳，讓它們全部流洩出去，讓自己淨空、釋放！」

身旁的學員好像累積了幾世的苦痛，整間屋子響徹著哭泣與尖叫，那些無從在外面世界，被聽見、被接納的情緒，全部在這裡爆炸開來，身在其中我深深受到震驚。

相較之下冷靜的我，開始想了解，大家都經歷了什麼呢？忍耐了多長時間？妳是怎麼努力到今天的？許多的心疼與不捨，從心中湧現，好想給每個人一個緊緊的擁抱。

參加僻靜營的前一天，才剛好聽到一位婦產科醫師分享，臺灣一年新生兒約十六萬人，同時一年的墮胎數量是四十萬人。許多人聽到會說，就是性觀念太開放了才會這樣，但其實三、四十年前，這個數據高達百萬，因爲當時避孕觀念更差，人們不願戴保險套、不敢吃避孕藥。但後果只發生在女人的身體上。

我震驚於這個事實，明明有一個如此龐大的經驗，卻沒有人敢述說。大家都是偷偷躲起來，害怕自己做錯事了嗎？是什麼社會環境、性愛觀念，讓非預期懷孕不斷發生？爲什麼我們不去談論這樣重要的身心議題、性別議題？爲什麼要責怪個人，把自私的期待強加在他人之上？

那幾天，學員們常常說，覺得自己是不夠好的人，我聽著聽著滿懷困惑。在我面前的妳，明明就很美好啊！願意誠實面對自我，走過靈魂暗夜，並踏上進化之路的旅人，我都投以深深敬意，因爲我知道那有多不容易。

最後一晚迎來「火的儀式」，大家圍著熊熊火光，將自己想轉化、想放下的事物寫在紙上，然後將它燒掉。祈禱冉冉升空的煙柱，會將願望帶去天上，交付給宇宙。

我振筆寫下：「我不要只是在這裡憤怒，我要起身行動。」

這個世界需要更多憤怒的女人、不乖的女人、邪惡的女人、放蕩的女人、野性的女人，不再壓抑承受、不再溫柔婉約。妳不爽就大聲說出來，把髒話罵出來，什麼妳要溫柔才會被愛，都只是一種威脅、一種謊言，不是眞正的愛。

不要屈就於表象，我們能激發更高品質的愛。眞實的、脆弱的、憤怒的、尖銳的妳，會被看見、欣賞、擁抱、疼愛，妳會發光發熱，妳會活得快樂。

立下決心，發出心願，我會一直用文字的力量，將黑暗的故事掀開，讓所有被消失的聲音擴散，讓世界聽見。大家不敢說的、不願面對的，我會讓它們照見光，越覺得不舒服的事實，我們越要一起去看見，唯有這樣，我們才能一起轉化與改變。

不需要向世界「解釋」我是誰，只需要無懼地「展示」，每個人都一樣。

裊裊白煙將願望帶到了天上，宇宙出貨效率驚奇得嚇人，就在接下來那一年，我開啓了從未想過的人生，彷彿都在回應我的心願。

# 輯一

# 宛如墜入水底的藍

當生命觸底的時候，
真正重要的事物就會浮現……

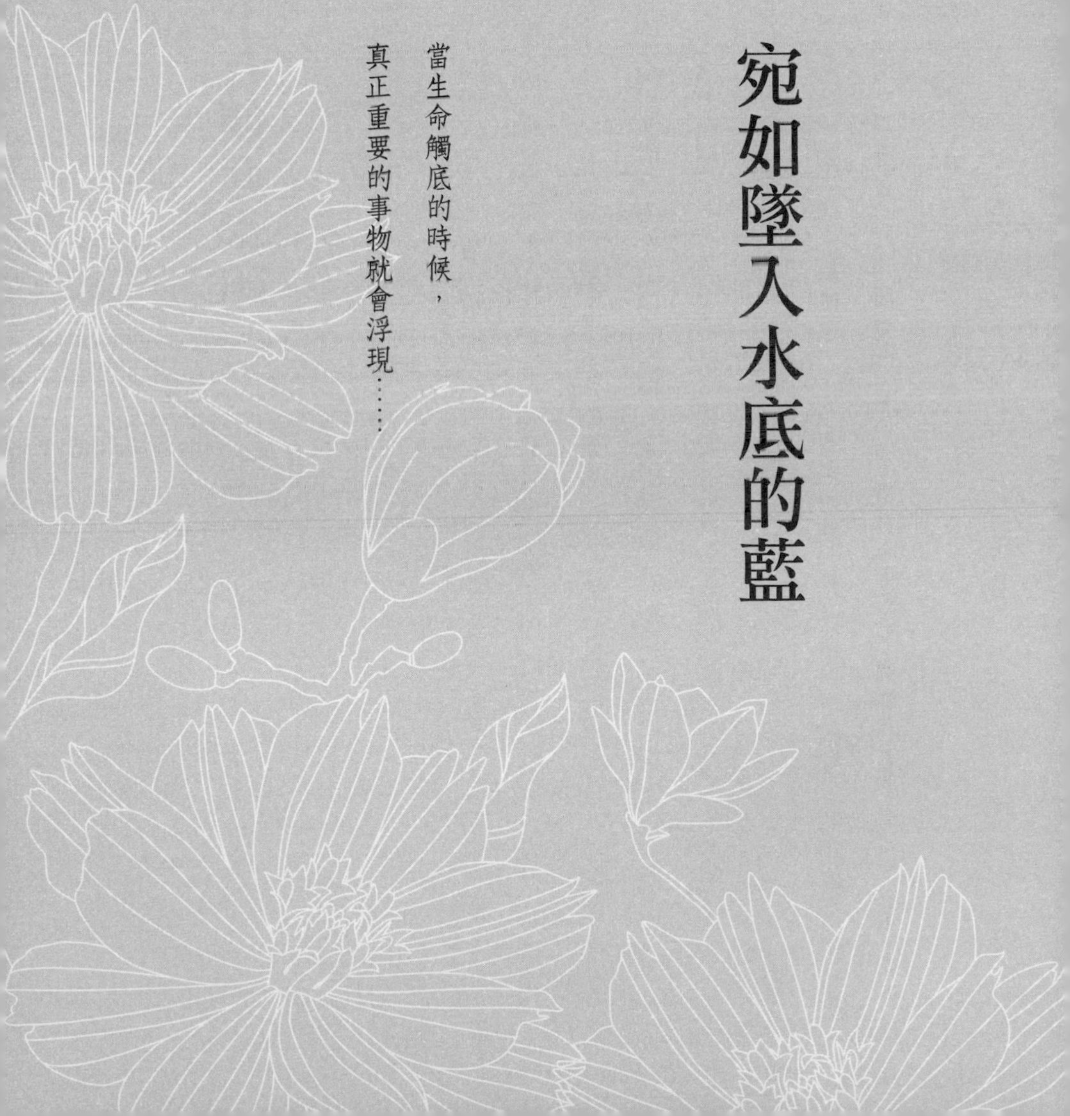

# 你臉上有個浮水印

從僻靜營回來後，書二寶《我想和自己，好好在一起》誕生了，粉色封面上有一位低眉垂目的女子，好似在感受著自己與世界。

我捧在手上，相當滿意。這本作品書寫了我從二十五歲的失戀後，如何開啓自我療癒，並成爲作家的一路旅程。我滿懷信心，這是比第一本《有一種工作，叫生活》更深入內心，揭曉爲何我能追尋自由生活的底氣，是一本希望讓全世界都看見的作品。

當下的我，對生命滿意極了，走在心之所向的創作路上，與家人的關係從緊繃到親密，身邊有一群互相支持的朋友，也有穩定交往五年的男友J——唯一的煩惱可能是，他想結婚，而我沒有那個念頭。

我爲此感到困惑。

一旦跨入三十歲的大門，結不結婚就成了必答題。朋友笑說這好像美圖秀秀的浮水印，不管怎樣就是長在你臉上。

臺灣二〇二〇年的統計資料，三十到三十九歲的人口中，有將近四十五%都未婚，照理來說，這是個對於選擇「不結婚」越來越安心的世代，可是我卻隱隱感覺到，自己與身邊朋友格格不入。

最好的兩位閨蜜：Z和M，一位是立志朝結婚生子邁進的女子，身上散發著慈母光輝，隨時準備好經營一個家庭，讓她投注滿滿關愛；另一位是保持開放心態，遇到適合的對象，結婚生子很好，如果沒有，也不至後悔終生。

三位女子，三種不同的婚育態度，我開始想像萬一當她們兩人都走上婚育，剩下的我是不是就落單了？當她們有了各自的家庭，有了共同的生命經驗，我卻無從共感、體會，原本不進入婚姻這座城內的「選擇」，會不會就變成了我獨留城外的「被拋下」？

另一位朋友Ｂ，婚後幾年生活甜蜜，近期也順利懷孕，舉辦了寶寶的性別揭曉派對，一群朋友們搶著當乾媽、乾爸，喜悅的樣子讓人也備感幸福。暗自想著如果我跟Ｂ一樣，也喜歡結婚生子就好了，會不會這樣一來，我就能感覺不邊緣？

仔細回想，我好像從來就不曾對婚姻產生過嚮往。從小聽童話故事「公主與王子最後過著幸福的生活」，或是戲劇裡的有情人終成眷屬，還是會爲之感動；參加朋友的婚禮也會被眞摯的誓言觸動落淚。

但當我把自己擺進「主角位置」，想像如果那是屬於我的場面，我被求婚、穿上婚紗、抱著孩子時，卻突然沒有半點興奮感動，甚至彆扭、不自在，好像我在扮演別人的故事，而不是我自己。

或許是小時候看著父親外遇、母親難過，撞見過太多的黑暗面，知道婚姻不保證幸福，有時你還會被另一個人拖累，要爬過一個泥沼，才能夠重回自由單身。

親身見證過了鬼故事，其恫嚇力比童話故事的號召力強太多，怎麼樣都無法產生「婚頭」的衝動。

與有著同樣困擾的A聊起這個話題，就像好不容易遇見的盟友，兩人都眞心喜愛獨身生活，但看著身邊朋友往不同方向奔去，也難免懷疑起：「我是不是哪裡有問題？是被原生家庭的經驗牽絆住了嗎？婚育眞的有什麼幸福祕密，是我錯過後會後悔終生的嗎？」根植已久的想法面臨動搖，開始感到困惑。

因爲我們知道，結婚生子依然是社會主流的「預設值」，符合大家對完整人生的想像。就像人們會問不結婚的人們：「你爲什麼不結婚？」卻鮮少去問要結婚的人：「你爲什麼要結婚？」那份質疑往往是落在選擇單身的人身上。

我常好奇地想，如果今天社會的狀況改變，當不結婚的人變成多數，那原本想結婚的人們會不會因此改變？又或者我們拿這個問題來問自己：如果今天社會上的多數人不結婚，那你會想結婚，還是不想？這可以幫助我們辨識出，自己是真的喜歡這個選項，還是只因為社會壓力而做？

跟許久不見的諮商老師L見面，我還沒開口，她就問：「妳有要結婚嗎？」「沒有呀！這就是我最近在煩惱的事耶，老師妳怎麼知道！」老師笑說：「妳臉上就印著『結婚』兩個字啊！」看來浮水印是眞的存在。

我訴說了怕自己是怪咖、怕落單的心情，老師問了：「那妳有什麼想做卻沒去做的事嗎？」「我想在國外生活一段時間，不管是留學還是工作，我對旅居海外存有嚮往。」

我對於自己脫口而出的答案感到驚訝，這個大學時期就誕生的渴望，礙於當時膽子太小不敢去做，過了幾年還是偶爾感覺到它蠢蠢欲動，沒有要放過我的意思。靈魂渴望突破、體驗，哪怕是再難的事它都想去做。

「這就是答案了！不要管別人結不結婚，那都不關妳的事！妳接下來就是要朝著這個目標前進，去爲生命換上一張臉。我們做的所有事，都要讓自己感到滿足。」

當我將結婚生子的遙想畫面，換上我獨自在異國生活的樣貌，內心的悸動強烈無比。它讓我興奮、雀躍，也讓我恐懼、焦慮，讓人又愛又怕的答案。

「那我要怎麼做到這件事呢？」

我好像需要一大筆錢，那是不是應該更努力工作存錢？

我需要讀英文考檢定，我現在的腦袋還適合考試嗎？

我還要寫申請文件，這也太難了吧？

那J怎麼辦？他要跟我一起去嗎？但他好像沒有想在國外生活？還有他的工作怎麼辦？

我可以一個人在國外生活嗎？我這麼怕孤單寂寞的人耶！
我拉出一連串煩惱，發現達成這件事前，有重重阻礙。
暫時無法做到，我無奈又無力，暫時把這個夢想，又收進了抽屜。

# 淚灑臭豆腐店

第二本書的銷售狀況，不如預期。

在預購期間準備了五百本簽名書，市場反映冷冷淡淡。每天打開書店網頁，看到庫存還剩這麼多，都想著我是不是該自己全部買回來？

焦慮不安。這本我一寫完就想跟全世界分享的好書，竟然不被喜愛？我就要從暢銷作家，變成滯銷作家，江郎才盡了嗎？

某天與出版社開完行銷會議，大家說前兩週如果沒有搶灘成功，後續就難有好的曝光版面，眞的會死在沙灘上。

我帶著沉重心情，拿書給隔天就要出國的朋友W。我們約在臭豆腐店，一坐下我就忍不住跟W說我的煩惱。

W平時的工作是生命教練，她馬上開啓專業模式，問我：「妳當初想寫這本書的心情是什麼？」

「我想帶大家走上內在探索的路，能夠與自己和平共處，因爲我發現許多人不快樂的原因，就是厭惡自己！」

「那妳上一本書，賣了多少本？」「超過一萬本。」

W開始連環爆擊：

「那妳就要記得，妳是可以創造出一萬本，甚至更多銷量的人！妳相信什麼，就會進到那個平行宇宙去！」

「妳要一直連回當初創作的那個初心、那個力量。相信這本書會賣很好，因爲很多人渴望探索內在！」

「妳要記得，妳是走了很久很久的路，才成爲今天的樣子，可以寫出這一本書！」

每一句話都打醒消沉的我，直接在臭豆腐店爆哭。

她又接著分享自己行銷課程的經驗：「就算妳會覺得請別人幫妳分享，很不好意思，妳也要厚著臉皮去做，因爲現在的妳不做，以後就會後悔。」

走出臭豆腐店，我重燃鬥志，開始厚著臉皮，一個一個敲朋友，請大家幫我分享。一邊覺得打擾大家很抱歉，一邊忍受著這樣的不舒服，去想辦法突破。

又聯繫了幾位有經營社群或Podcast的臉友，其實一直都有他們的聯繫方式，但以前不好意思打擾，這次眞的走投無路，必須爲這本書再更勇敢一點。

就在那兩個月跑了十五個通告、演講，找到超過二十位的朋友幫我寫推薦。連滾帶爬，終於在書上市後三個月，拚到再刷。

但是當下的我，並沒有太多的喜悅，覺得自己只是勉強達到了最低標準。畢竟第一本書是上市兩週就再刷，兩本書實一比較起來，落差難免巨大。

「大家不想看我寫的東西了，我也沒有故事可以寫了。」我覺得作家生涯到此結束。

就在走投無路之際，我去參加了合作很久的媒體公司主辦的性別論壇。創辦人結束後問我，有沒有興趣進去工作？「我知道妳是很自由、很自由的那種工作者，但我感覺妳身上有一個大願，有野心，我們這邊應該有妳可以發揮的機會。」

噹噹噹，好像原本卡關的遊戲，在無意間跟一個 NPC 聊天後，發現她是關鍵角色，後面的關卡就這麼打開了。

在此之前，我眞沒想過要重返職場，畢竟好不容易開創出的自由工作模式，實在太舒適了。但也因爲這份舒適，讓我漸漸意識到，自己的能力好像默默來到了天花板，採訪、寫專欄、寫書，對我來說都不是太大難題，如果沒有新的挑戰與刺激，我可能就停滯在這裡了。

而不久前我在女性僻靜營許下的心願，此刻看來也像是宇宙正在回應，給我一個能夠實踐的機會。

加上可以爲將來出國讀書多賺點錢，何不就上場吧！

於是從「有一種工作叫生活」，重返職場，開始過上「有一種生活叫工作」的日子。

# 你早就好了，但你不知道

回到職場前，其實我心中最大的害怕，那就是我會不會跟同事不合，甚至鬧翻？

我在上一份全職工作，本來有一位不錯的朋友。那是個非政府組織（NGO），在我進到組織工作以前，曾經以志工的身分與他們互動，當她跑到我的城市演講時，我都會特別過去捧場支持。

原本很期待能跟她一起當同事，但是上班第一天，我就明顯感受到她工作時的樣子，非常認眞嚴肅，對待同事的態度，也與對待志工相當不同。一直無法調適過來，我們的交情就這麼急轉直下，直到她離職前，我們都相敬如賓。

所以對於跟朋友一起工作，我內心一直都有塊陰影。在這份新工作面試時，我也與他們坦言這份最大的擔憂，「我跟你們認識這麼久了，關係也都不錯，我很害怕一起工作後，大家反而變得不好。」他們都是心思細膩的人，不批判我的擔憂：「我想只要保持開放溝通的態度，就沒有什麼問題，有想法就說出來，不要淤積在心裡，最後變成誤會。」

入職前某個晚上，我去到朋友開的酒吧參加講座，計程車停下時，我頓了一下——就在我之前的辦公室對面。已經很久沒有經過這附近，也許是某種大腦的保護機制，剛離職時經過都會隱隱感到壓力，久而久之就默默迴避了。

那時的我，對工作、世界、自己，都有很大的期待，我要把一切都做得很好很好。直到發現自己的能力、心性其實跟不上，完全沒有想像中好，就是重重的摔落。不敢回頭面對那個失敗的自己，遠遠逃開。

剛離職的我，三不五時還會夢到我在工作，正在帶一群志工出團。出現在機場的我，總是慌張崩潰，還想說現在不是疫情嗎？

當時也一直害怕自己不夠好，開會時被說：「同事覺得妳的團隊合作可以再加強。」「妳的提案邏輯前後不通啊！」這些字幕都在我心裡無限放大。

每個人多少都有在職場上受過傷吧，那是個張力這麼大，利益這麼緊迫的地方。

五年過去，夢境才漸漸轉變，我在夢裡改爲想著：「有個什麼歷史文化一定要分享給大家。」「那地方一定要帶大家去。」

或許是因爲，我開始回頭稱讚過去的自己了。試著去放大畫面的其他部分，比如被稱讚工作上手很快、團員願意回鍋參加、努力重整了網站資訊、分享會主持越來越穩等。

我全部都記得，這些也眞實存在。不要再為了證明「我不夠好」而收集證據，我不要再這樣了。不偏頗地報導，還自己一個平衡、公正的眼光。終於回過身去摸一摸頭：「妳很努力，妳很棒！」那個受傷的我，等到自己的安撫了。

再路過辦公室，有些店收了，卻開了更多新的餐館、咖啡廳，驚喜發現之前很愛的一家蔬食餐廳，原來搬到這裡了。

講座結束走回捷運站，以前下班都是這段路，至少走了七百次。

我想宇宙把我引到這裡，就是要說：「妳已經準備好，可以再次拾起期許，去一個個綻放了！」那晚每一步都像踩在花朵上，安安穩穩，平平靜靜，不再感到受害自怨自艾，知道我已經長大了，那些過去的傷，不會再痛了。

# 一個人，與一群人的自由

原本最害怕的事，並沒有發生。

可能是對自己有了更成熟的覺察，能夠掌握自己的情緒來去，成爲一個能平穩面對工作與同事的人。我很開心自己突破了團隊合作問題，與新同事們一起愉快地工作。

但是，全職工作眞的好痛苦啊！所有朋友們，大家辛苦了！

我的工作已經很幸運，全遠距上班、是自己喜歡的內容、能對社會帶來正面影響、同事們與主管還都很可愛有趣。

但卽使如此，一整天工作超過八小時、有主管與老闆的期許壓力、無論怎麼拚命都做不完的事情，還有不時冒出的偶發任務。上班族的本質，就不是件輕鬆愉快的事。

太久沒有和一大群人一起合作，我好像跑到一個操場上，A同學叫我拉跳繩；B同學說球滾過去了，幫忙撿一下；C同學正在射箭，你不要從標靶前走過；另一頭D同學抓著接力棒衝過來，叫你趕快準備接棒。

我被指派的第一個大任務，是規劃一個多元共融獎項，希望鼓勵更多公司注重員工的發展，創造友善的工作環境。

主管請我試著規劃，此前沒有企劃過活動，遑論要擘劃一個全新獎項，我呆坐在電腦前，看著空白的畫面上，一直閃爍的游標，卻連一格都前進不了，完全不知道該從何開始。

同時還要找到全球知名的人資平臺，邀請對方擔任我們的協辦單位，我上網卻搜尋不到臺灣區的窗口。主管交辦的任務，我一個都破關不了。

手上還有其他常態性事項，也仍在適應全職工作的節奏，痛苦與無力感開始爬滿全身，「我是不是不適合回來工作？」「我怎麼這麼笨，一件事都做不到！」那個禮拜我每天哭，睡前哭，醒來也哭，連最愛的狗狗襪子來討抱，我都把牠推開，深深陷入憂鬱邊緣。

我崩潰著跟男友J說自己什麼事都做不好，沒想到他跟我說，我們一位在新加坡工作的朋友，就在那個人資平臺工作呀！「什麼！原來答案就在前方，開口問就好了，我爲什麼要困住自己？」

將找到窗口的好消息回報主管，但同時跟她坦承我不會做獎項規劃，需要她的協助。我就在半夜十二點，遠端看著主管如何在空白頁面上，一項一項寫出規劃。「喔喔！原來就是這樣，先列出框架，再填入內容啊。」

我終於看懂，這次我回到職場，要突破的就是這些能力：開口求援、拆解框架。

於是我從那個禮拜開始，約各個部門的同事吃飯，多了解他們在做什麼、怎麼做，跟我工作的上下游關係是什麼，怎麼互相配合；接收到任務，也練習先抓出大的架構，再深入思考細節。

我感覺腦袋全面升級，原先把自己困死的小老鼠，挖出了好幾條新的逃生路線。

入職三個月後，迎來第一場大型活動。從前以觀眾角色參與的我，第一次換成了主辦方視角。當我一踏入會場，看到地板上的裝飾地貼、拍照牆，就有忍不住想哭的感覺。從前它對我來說只是個裝飾，甚至不會注意到它，但如今你知道是誰做的，整個過程如何從無到有，這就是眾人之力。

自由工作期間，我曾經覺得一個人棒極了，沒有團隊的綁手綁腳，可以自己一人飛快地決定、前進。但我漸漸發現，一群人其實也有一群人的自由，能夠完成一個人辦不到的事，就是新的自由。

一個人的馬拉松，你自己跑完全程，但一群人是接力賽，你累了可以交棒，補好能量，再接下他人的棒。

# 一位編輯的誕生

二〇二二年奧斯卡頒獎典禮上，威爾史密斯的巴掌一打下去，轟動世界，也轟動我們團隊，立刻召集線上會議討論：「我們如何看待此事件？如何帶入我們提倡的多元共融視角？如何以文章、影片回應？如何在社群帶動討論？」

主管請我撰文，時間只有三小時。

過往的我大概會先花一天讀資料，然後等隔天沉澱過後再慢慢下筆，儼然一隻樹懶。當天直接變身一隻獵豹，在三小時內從查找資料、確認論點綱要，到最後成功產出文章，人的潛力眞是無窮。

肩頸痠痛到爆，心卻很熱很燙。那是我第一次感受到，在媒體業擔任編輯的快感，你站在時事的浪尖，帶眾人看見單一事件的集體意義。

對於一個內向者來說，以工作的身分與世界產生連結，是令人感到安心且自在的方式。一如我當年爲了了解不同國家的人都怎麼生活，選擇擔任志工領隊，以這樣的名義去親近海外社區；擔任編輯的幸運，則是你可以藉由採訪，去到你未曾想像過的地方。

譬如我採訪到了金曲歌后、知名作家、政治人物，以平行的身分，與他們探討人生的選擇與觀點。有次採訪總統府發言人，我第一次進到總統府，森嚴的門禁與莊嚴的建築，我一路踏著紅色地毯，感受最高權力殿堂。

每天會收到精采的讀者創作投稿，也是我的成就感來源。

從離婚女性、家庭煮夫、憂鬱症患者到中年大叔，一字一句，交付最眞實的生命經歷給我們，像對著樹洞說祕密：「哈囉！世界上有一個人，是這樣活著的喔！」

這些文字能夠幫助更多人知道：成功的樣板、陽剛的神話並不存在，挫折、脆弱、缺憾才是常態——但願意擁抱眞實陰性面的自己，才是眞正長出力量的開始。

我像是烏鴉一樣，喜歡閃亮亮的寶石，能夠一眼在文字裡看見亮點，在聽故事時抓到什麼是最吸引人的。無聊的日常就是需要這些亮點點綴，大家以爲沒什麼的生活，其實有很多珍貴閃耀的瞬間。

愼重地收下讀者投稿，給予修改建議，感謝他們的信任，再交上編輯臺。每週的稿件，幾位編輯都會一起看過，來個全員下標馬拉松，最後再交由總編定奪。有時她會一連讚嘆好幾篇讀者稿件，爲我們的讀者驕傲，也欣慰我們這幾年做的，眞的有傳達出去，創造了這樣的社群。

「我覺得妳是創作者加速器、孵化器耶！」有天早上她這麼對我說。我腦袋裡浮現一隻雞在孵蛋的畫面。

其實我就是把平臺當年滋養我的養分，又分享出去，給了新的寫作者。謝謝當年這個舞臺，讓我成為了一個作家、一位編輯，我也想為下一位有故事的人奮力鼓掌、大聲喝采，鼓勵他用力說、認真寫。

逐漸將苦澀熬出了一點甜蜜，工作越來越上手，主管對我也有很高的肯定與期待，我很開心做了重返職場這個決定。

然而就在半年後，當我覺得自己可以全力衝刺時，宇宙突然殺來一個大撲街，讓我趴在地上，動彈不得。

# 電視裡演的那樣

那個禮拜我寫了兩篇專訪稿，原本不是我們部門的工作，但其他同事需要支援，我自告奮勇接下。

一邊聽著錄音檔打下文字，一邊覺得我也太厲害了吧，可以承接這麼多工作，而且都做得不錯。但也同時感覺，好像快到臨界點了，打算等週五的一對一時間，要跟主管提出，請她趕快補人力進來。

晚上開始感到肚子不舒服，一陣劇烈的疼痛，好像有人扭斷我的腸子。隔天持續漲痛，我以爲只是脹氣、消化不良，特別請媽媽煮了稀飯。然後把專訪文章寫完交出。

過了兩天仍未消退，去診所拿了藥，依舊沒改善，甚至開始發燒，趕緊請媽媽陪我到大醫院看門診。抽血檢查，醫生露出苦笑：「哇！妳的白血球指數飆到一萬七，正常指數是四千到一萬，妳體內正嚴重發炎啊！要趕快去急診！」

我的眼前一片發黑，第一次以病患身分躺進急診室，護理師先幫我打了點滴與抗生素，細細的針插進血管時，我忍不住飆淚。旁邊有一直咳嗽的病患，還有不停哭泣的孩子，護理師忙碌地來回穿梭。

被帶去照電腦斷層，就是電視上演的，那個圓圓的隧道。放射室的溫度彷彿十二月的寒流，讓我直發抖，放射師說忍耐一下，馬上就好了。我躺在儀器裡被緩緩推送，儀器不時發出運轉聲，好像一臺巨大吹風機。

診斷結果：右邊的升結腸發炎腫大，而且還疑似破裂了，引發腹膜炎，需要立即開刀，不然會有敗血症的危險。

外科醫生來的時候，我知道難逃一劫了。最討厭看醫生的我，竟然要直接一路闖關到開刀房。

媽媽跟醫生討論完開刀細節回來後，忍不住哽咽，我被她的眼淚感染，開始陷入小可憐模式：「我怎麼這麼慘，怎麼會落入這步田地。」

身上什麼東西都沒準備，手機也快沒電，趕緊聯絡弟弟，請他送物資過來。

當晚七點，等到了病床，我先到病房報到，換上病服。晚上九點，躺在病床被推進開刀房。原來電視上演的，仰躺看著頭上一排排白色燈光，就是這種感覺啊——不知道命運要帶我去何處，澈底無能爲力，無從違抗，無語問蒼天。

人在衰的時候，眞的可以非常衰，在我等待麻醉期間，竟然還發生了地震，而且是規模六．四的有感地震。我躺在床上，什麼也不能做，心裡想著：「老天爺，如果祢要帶我走，就來吧！」

地震過後，正式進到手術室，比我想像的還小間，我以爲會像《派遣女醫X》那樣，上面還有人可以觀摩的兩層樓手術室。不過太冷了吧！護理師幫我接上暖氣，麻醉師從左手的點滴打入麻醉劑，我想起電影《索命麻醉》曾演過，有些人打麻醉後，會出現只有身體不能動，但意識全程清楚的恐怖案例，心想拜託我不想要這樣。

聽到麻醉師跟我說：「應該很快就會睡著囉！」瞬間我就像腕力比賽被擊倒般，從左邊被壓制到右邊，澈底失去意識。

不知道過了多久，好像從一處很深的海底，聽到呼喚的聲音：「曾小姐、曾小姐，醒來囉！」慢慢浮出水面，眼前一片白淨，模模糊糊。完全忘記自己是剛開刀完的人，好像只是睡了一覺，跟平常一樣。

但突然一陣噁心感湧出，護理師說：「我們幫妳打止痛劑，不過會有點頭暈想吐喔。」天啊，要止痛就必須頭暈，不想要頭暈就要承受傷口痛，這是什麼矛盾大對決嗎？後來想想頭暈更不舒服，決定請護理師不要打止痛劑，我可以忍。

迷迷糊糊中，聽到護理師告訴傳送員：「這位可以幫我推回病房了。」但傳送員說底下還有四床，可能要一個小時後。護理師決定要自己幫我推回病房。推一推，推一推，「碰！」撞到牆壁，護理師馬上道歉：「啊，不好意思，技術不好。」如果是以前的我，一定會一陣怒氣，想說對方怎麼這麼不專業？但此刻的我，已經宛如隨波逐流的水草，你們想怎麼對待我都可以，沒關係，都來吧！

時值疫情期間，媽媽的 PCR 採檢還沒出來，不能進到病房，只有我自己度過那個夜晚。床位靠窗，眞好，明天早上可以照見太陽吧。我昏沉睡去。

# 文藝女青年這種病，開腸剖肚就好了

凌晨六點醒來，我第一個感受到的疼痛是左側喉嚨，麻醉時被插入氣管，形成了一個小傷口，又因爲不能喝水，持續乾涸，導致難以講話。

慢慢檢查自己的身體變怎樣：左邊鼻孔插了鼻胃管，連接到一個白色的袋子，裡頭有綠色的胃液與膽汁；肚子被綁上了束腹，固定與保護傷口；右下腹另外接了一個引流管，用一個小盒子承接傷口的膿血；尿道被接了尿管，完全不用起身尿尿；加上左手的點滴，我身上多了四條管子。

窗外的陽光射進來，我確實照見了隔日的陽光，但過於刺眼，想找護理人員幫忙。無法起身按呼叫鈴，喉嚨又無法發出聲音，我靈機一動，想請隔壁床的家屬協助，打開手機輸入：「隔壁可以幫我一下嗎？」讓谷歌小姐幫我講話。

結果不小心按成英文羅馬發音：「哥鼻得課以邦我一下嗎？」X！立刻把手機按掉！不知爲何我一個文藝美少女，在開刀後畫風丕變，直接變成搞笑漫畫？難道是文藝女青年這種病，開腸剖肚就好了？

護理人員終於來到，幫我放下窗簾，順便抽取鼻胃管裡的汁液，一根粗大的空心針筒抽出滿滿綠色液體；又將引流管裡的血水擠出（我後來都開玩笑，那是每日鮮採番茄汁。）再幫我打開傷口換藥，冰冰涼涼的食鹽水塗在肚臍上下，我感覺傷口應該有十公分，但是完全不敢看。

那天下午，媽媽終於PCR採檢通過，進到醫院陪我。醫生來探視，說切除了六公分的大腸，我心裡想著：「腸哥，我對不起你，再見了。」

住院一個禮拜，要禁水與禁食，看狀況再慢慢恢復。躺在床上，無法起身，因爲腹部一用力，就會感到傷口撕裂，我只能滑手機，把這一趟驚嚇旅程寫下。沒想到朋友們紛紛表示：「開刀日記好好看，好好笑！」嗯，大家果然是真正的朋友呢，超級沒良心。

當時的開刀日記，是這樣的：

**【術後第二天】**

已經可以站起來走路，移除尿管自己尿尿，一邊尿一邊跟媽媽比讚，沒有想過尿尿竟是這麼了不起的事。現在渺小的願望變成：可以自己喝水、能夠順利放屁、可以刷個牙。

在走廊上遇見同樣抱著肚子的病友，交換了一個同病相憐的眼神。站在醫院十一樓的窗前往外看，還是覺得自己是不是在平行宇宙走錯了時空？上週一切都還好好的，此刻身體殘破不堪。

自己能夠想到的原因，就是平時水喝太少，工作一忙起來就把身體拋到最後。那幾天一直對著身體唱：對不起、請原諒我、謝謝你、我愛你。真心懺悔。生命中如果有什麼錯待的，一定要卽刻就開始修正，只有眞正的行動才有效，不斷地延遲後悔，都是我們在對自己說謊。

**【術後第三天】**

終於，放～屁～了～！熱熱的、小小的，歡迎光臨！

身上裝備再減一，鼻胃管拔除了，迎來心心念念的刷牙，睽違四天，口腔清新，滿口芳香，哈雷路亞！

喝下第一口水，眞是太美味，以後水就是我的神，開水萬歲，開水最棒！

然後想起以前各種陪病經驗，原來當時都是種種的不明白：

爲什麼下床很慢？「因爲傷口眞的很痛。」

爲什麼昏睡一整天？「因爲無法做其他事。」

爲什麼想拔掉管子？「因爲眞的很令人厭世。」

回去想把《仁醫》全部重看一遍，以前都用頭腦看，這次可以用心看了。

**【術後第四天】**

半夜肚子一直像侏羅紀公園，發出曠野悲鳴。嗚，好的好的，媽媽聽到了，媽媽以後會用健康新鮮的食物餵養你們。

早上起來，醫生宣布可以進食了，帶著像第一次做愛的心情，緩緩一口一口，細細嚼下米飯、青菜、魚肉，跟著唾液混合，一邊冥想他們進入腸胃，被熱烈歡迎著。

飯後感受到久違便意，坐在馬桶上，一直想著：來了！來了！從山坡上輕輕地滾下來了！

趁著換藥的時候，請媽媽幫我把傷口拍下，我說我不敢看，妳形容給我聽就好。

「肚子中間一道十公分傷口，用黑色的叉叉線縫著，然後還有九根大的訂書針。」

好喔，直接多了一排中央山脈。

**【術後第五天】**

獲得不用打點滴的一個上午，立刻拋下學步車，到走廊上走了一圈臺步。

隔壁床來了一位新阿姨，腳步輕快，推了一個橘色行李箱和一大袋物資，像是要來入住溫泉飯店。

「妳是家屬先來幫忙放東西嗎？」「欸不是，就是我本人，我大腸癌第三期，要來打第十次化療。」

阿姨狀態看起來超好，比我還活蹦亂跳，完全顚覆我對癌友的想像。她熟門熟路開始整理床鋪，拿出水果、物資，然後開始跟我們分享飲食小撇步。她說自己是去年退休後，來做健康檢查，才發現大腸有腫瘤，開始一連串的化療。

突然覺得自己離這一步好像也沒有很遠，從前的「不關我的事」，此刻是轉身就要跟我貼上臉了。

阿姨解釋她的化療，就是五包藥劑，像點滴那樣打好打滿，大概需要三天的時間。

原來化療是這樣啊，又顚覆了我的想像，我以前還以爲都要在手術臺底下進行呢，我眞的好無知。

突然之間覺得好困惑，生命到底是怎麼一回事呢?工作的終點為什麼是生病?為什麼有些人生活習慣更糟糕卻沒事?為什麼要來地球經歷生老病死?

我以爲我已經知曉了一些生命，把他們寫成書分享，但此時此刻我要承認，我根本就什麼都不知道，我是生命的小嫩嫩，我還有許多許多未曾知道的事，或許一輩子也沒能明白。

**【術後第六天】**

終於，平安出院了。

踏出醫院晒到太陽，沿途看著金黃綻放的臺灣欒樹，覺得眞好，這就是生命最重要的事，其他都是旁枝。

到家前去理髮廳洗了個清爽的頭，感謝阿姨幫我從洗頭椅上躺下、起身，從沒想過這個動作，其實是很多肌肉支撐才能做到的。

感覺自己就像《神隱少女》裡的河神，腸道大清理，穢物一次排除。明顯感受到身體的變化：早上起床沒有口臭、吃完東西不會精神不濟、手上的濕疹退去了。一整天精神都亮亮的，好像探照燈被擦乾淨。以往常伴的疲倦感也不見了。

一時之間不太習慣，咦！這才是正常的樣子嗎？原來可以這麼乾淨？好像抱著多年的小被被突然不見了，原來我誤把陳年的髒穢當成了溫暖，一直緊抓在身上嗎？

「生病是一份禮物。」我好像懂了這句話。

# 瑪利歐水底世界

我選擇辭去了工作，專心休養。

雖然公司說可以讓我留職停薪，慢慢養病，等好了再回到工作崗位，但這次的警訊讓我深深意識到，我是一個容易為了工作拚過頭的人，重回能自主安排的接案工作，也許才是最適合我的方式。

上一次離開全職工作，也是因爲身體出了狀況，持續半年的落枕與反覆感冒，都是身體在誠實地說：「妳已經不堪負荷了，需要停下。」

幸好主管很能體諒，跟我分享她的經驗：「我也是在生病後，發現身體不是自來水，能夠取之不盡。」「不過經歷這個修復歷程後，我相信妳會長出更多對自己的相信。」

雖然有點可惜，一切才剛上軌道，但是此時此刻除了身體，眼前沒有其他更重要的事。

就這麼開始過上全心全意只爲身體，超高品質的生活。

早上六點五十分自然醒來，尿尿洗漱後，喝上一杯溫開水，然後慢慢散步，感受腸胃蠕動，便意一起就立刻排出。

早餐吃一碗暖胃稀飯，配上蒸蛋、地瓜葉、葡萄，一口一口慢慢吃下，原型食物的有滋有味，從前髒髒的嘴巴都嚐不出來，現在一吃就彷彿身在果園、菜園，感受到土地的滋養與芬芳。

飯後吃藥、換藥，再慢慢散步幫助腸胃蠕動，這一切做完還不到九點。以前是九點半一起床就匆赴工作，原來時間是能這麼足夠的。

午飯喝鱸魚湯，讓傷口長肉。因爲每一口都不疾不徐，牙齒有發揮它咬碎食物的功能，用牙線時發現，竟然可以一點殘渣都沒有。

下午拿起很久以前買了，但一直都沒翻開的《情緒食療》來看。從前可能只是用頭腦背誦的，現在字字句句入心：「養生培養的是一顆順其自然的心，也順應自然的節奏於天地間協調一致，讓生命之流滋養自體的生命。」

感到睏倦了，不再貪圖多讀兩頁書，乖乖聽身體的話，闔上書頁睡個覺。再起床吃晚餐，餐後散步，不再吃點心、宵夜，讓身體自然沉靜下來，準備上床睡覺。床頭準備一杯水，半夜醒來口渴，就喝一小口潤潤。

那幾日的睡眠品質，也前所未有地好。

以前像是行李超重，又簽證出問題的旅客，想要出境卻一直被地勤、海關擋下，班機不斷從眼前飛過，我只能留在地表嘆息。

這幾日卻是清爽出關，一碰到床閉上眼，沒多久就順利登出悠然起飛；降落時也沒什麼掙扎，不需要鬧鐘，沒有半點賴床，眼睛睜開就是醒來了。

那個月就好像原本歡愉闖關、跳吃香菇的瑪利歐，突然跌進一根水管，背景音樂從輕快可愛，瞬間變成懸疑迷幻。水底看似卡關，慢了好幾拍，但視野完全不同，靈魂的進化，沒想到是翻倍。

後來跟媽媽聊起，她以爲我面臨開刀會大哭崩潰，沒想到我全程冷靜，還莫名幽默了起來。可能我是一路毫無心理準備，還來不及抗拒害怕，就傻傻前進了吧。

不過出院第一天，跟兩個月沒見的阿嬤講電話時，我還是偷偷泛了淚。

「平常叫妳喝水妳都不聽啊！像阿嬤都喝很多水耶，因爲這樣可以把髒東西沖掉。」

「妳知道臺灣大腸癌是死亡率第一名嗎？要注意捏！」

「啊妳以前都喜歡吃薑絲炒大腸，以後不敢吃了齁。」

「好啦，等妳好了，阿嬤再來給妳看喔！」

八十歲的阿嬤，聲如洪鐘，平常一個人住，也把自己照顧很好，總是吃很多，身體非常硬朗。跟我講電話的當下，她剛從宜蘭玩了兩天回來。年初才去照過大腸鏡，被醫生稱讚：「腸子非常漂亮，沒有半點瘜肉。」

其實從前啊從前，我覺得阿嬤就是普通的阿嬤，雖然我很愛她，但就是覺得她很普通。

那種一輩子沒什麼工作過，早早結婚生子，在家燒柴煮飯（是眞的燒柴），照顧一家大小的女性。白天上市場，晚上看民視，三不五時穿著背心，跟鄰居坐在公園聊天，手上搧著候選人送的扇子。

這跟我自己嚮往的「成功」很不一樣，我雖然不認爲職位、收入代表成功，但「影響力」卻是我追求的。不能活得安安靜靜，一定要在某個範圍內有所影響、有點名聲，才是活得精采、漂亮。

阿嬤這樣子，實在太平凡一般啦！

但經此一役，我猛然明白阿嬤其實很厲害。活到八十歲還能走能吃，自己洗澡自己煮飯，頭腦清楚沒有失智，腸子比相差五十歲的孫女還健康。

她煮了一輩子的飯，對於食物特性的認識，什麼可以久放，食材該怎麼搭配，全部都知道。她也知道庭院的植物，哪個需要多澆點水，什麼季節不適合修枝移盆。她或許說不出背後的原理，但她就是知道，全是她在這八十年的歲月裡，一點一滴從身體經驗，扎實學來的。

她並不是在職場上收穫成就，但對於好好地過生活，如何去順應自然，跟天地和諧相處，是她無時無刻，不刻意不躁進，就一直在做著的事。

電話講到最後，時近中午，阿嬤說她要去煮飯了。結束前她跟我說了一聲：「保重喔！」我眼淚就落下來。

淚裡有深層的懺悔：

「唉呀！我這個三十歲的人，竟讓八十歲的人對我說保重；唉呀！原來我過去所追求，以及不放在心上的，竟是錯了位；唉呀！我以爲我很強，其實我對生命很傲慢。」

淚裡也有醒悟的感激：

「唉呀，我家阿嬷這麼棒，我現在終於了解了；唉呀，把自己擁有的這個生命，全心全意地照顧好，眞的就是最大的成功了啊；唉呀，宇宙終究還是溫柔地，藉由一場病痛，替我調整了方向。」

**當生命觸底的時候，眞正重要的事物就會浮現，也將帶領我們日後的道路，更趨近本質。**

十一月，迎來我的生日，朋友爲我慶生，我充滿感激說：「終於平安抵達三十二歲啊。」

忘記我到底許了些什麼願，但肯定是無關愛情的——當時的我並不知道，我會在接下來經歷一場感情的劇變。

# 輯二

# 直球對決粉紅泡泡

竟然能夠在喜歡的人面前，
問了最最最困難的問題，
我已經已經，很了不起……

# 丟接球遊戲

「今天謝謝妳來，很開心見到妳耶！」訊息從視窗流出時，彷彿地上滾來了一顆球。我撿起來看了看，思考很久，決定丟回去：「我也很喜歡聽你的分享，許多部分都非常有趣！」

他是我因共同朋友認識的人，我們姑且給他一個代號：K。一直都知道K這個人，但眞正展開交集，是在共同朋友的聚會上，我在找著垃圾桶，K見狀問我：「妳在找垃圾桶嗎？」我才第一次看見這個人。

對K的第一印象沒什麼特別，但有一些工作領域的問題想請教，我們約了吃飯，對話之間的流暢、拋接，是久違的體驗。我漸漸對眼前這個人產生好感，清楚知道如果今天我是單身，肯定會喜歡這個人。自從與J交往後，我已經好久好久沒有遇到其他讓我喜歡的人了。

飯局結束前，K問我住在哪裡，明明離他家是相反的方向，卻說可以載我回家。「啊，謝謝你，不過我已經跟我男朋友有約了。」說出自己已有伴侶的當下，我的內心深深吐了一陣嘆息，這個嘆息帶了一點罪惡感。

坐上J的車，我好像第一天從學校回來的孩子，迫不及待地跟他說：「我剛剛跟一個人吃飯，我覺得我滿喜歡他的耶！怎麼辦！」J完全毫不在意，說沒關係，我可以喜歡別人，他無所謂的。「那如果我們就這樣分手了，你不會生氣嗎？」「嗯……感情這種事，不完全是一方的責任吧，一定都是兩個人一起的。」

J的寬容大度讓我佩服，也因爲這樣，我才敢肆無忌憚地跟他分享最眞實的感受，然後又因爲他的從不責怪，讓我覺得世上再也找不到這樣的人，而我會愛他一輩子。他的心胸越像大海，我越想靠岸。

後來的日子，瘋狂忙碌於工作，與K的交集僅止於共同朋友聚會。但我心裡清楚的是，只要看見他出現，我就會覺得：「哎呀！這個人太對我的味了。」不管是談吐、氣質、打扮、幽默感，都讓人快要暈船。

但是我把自己管理得非常好，與J的感情也穩定，K就是一位聊得來的朋友，僅此而已。

直到半年過去，我生日的那個月份，K有個小小的發表會，問我有沒有興趣參加，「順便請壽星吃飯。」他知道我剛開完刀，有些飲食不能吃，特地找了幾家餐廳讓我選。

那天依舊相談甚歡，發現我們關注的事情、思考的方式很靠近，但我還是只把K當成很聊得來的朋友——直到晚上他傳來的那則私訊。

過去的戀愛經驗讓我知道，見面後還持續傳訊息，表示這個人，應該對你有好感。

我猶豫了一下，該冷漠地已讀不回，或是禮貌地回個貼圖？死會的人應該是板凳球員，在一旁乖乖觀賽就好，但那天滾到腳邊的球，讓我想起好久沒上場打球了——最後偷偷往前踩一步，把球撿起來，丟了回去。

**太多時候我們的人生轉變，就在那短短的一念之間。**

當對方迅速接起，很熱烈地打了一大段話回應，你感受得到這個人對你的興趣。我們開始每天聊天，我又藉故約他見面了幾次，他總是爽快答應，不管是前一天臨時約的，還是早上八點吃早餐，這麼瀕臨界線，幾乎曖昧的約。

就這樣過了兩個禮拜，我知道自己喜歡上他了。

想要見到他，期待跟他聊天。跟他說話的時候，身體的每一個細胞都在甦醒、奔騰，那些與J無法共感的話題，被他輕輕接起，並幽默回擊，一來一往，好像棋逢敵手的賽局，比誰對這世界的見解更深，對人性的洞察更貞。

我的眼前噴出一整排彈幕：「完蛋了，我喜歡這個人！」「天啊！妳這樣不行呀！」「哇！原來我想要這些東西啊！」冰封已久的渴望，一旦冰霜融化被憶起，就難以假裝不存在。

K送我去搭公車，天空微微下著雨，我們撐著傘走在左右。每碰到一個紅燈，我都覺得開心，代表我可以多待在他身邊一秒，不想太快離開這微醺的氛圍。我從來沒想過，我的戀愛腦、少女心竟然還活著，並沒有死去，此刻在心中狂舞著。

我想抱住這個人，我想牽他的手，我想把頭靠在他肩膀上，我想跟他躺在床上聊一整夜……我想對他做好多好多事。

但問題是，我知道我有男朋友，而他也有女朋友。

# 你有沒有盡了全力

知道K有女朋友的當下，是我們一起跟共同朋友吃飯時聊到，如果有一臺攝影機擺在旁邊，應該會錄到我「瞳孔震盪」的一幕。

但也因爲很早就知道他有女友，才能一直適切地守在朋友的位置，直到那兩個禮拜的熱聊與見面。

明明知道對方有女朋友，自己也有伴侶，爲什麼不能「乖一點」，一路往禁忌地帶踩了過去？

熟悉我的讀者朋友，可能都在前兩本著作《有一種工作，叫生活》和《我想和自己，好好在一起》中，看過我和J的故事。他是我重要的伴侶，把我從上一段痛苦的失戀中接起，陪我療原生家庭的傷；又伴我走過自由接案初期的不安，每每在我精神墜落之際，都成爲我最溫暖的毛毯，安穩的依靠。

但是呀但是，我們終究不是神仙眷侶，也有一般情侶都會有的問題。比如我們的個性並不相似，J對許多行政或金錢的小細節，較漫不經心，我則是特別嚴肅謹慎的類型，偶爾就要擔心起他是不是忘了報稅、繳費，又怕自己變成老媽子管東管西。

我們的興趣也不一樣，他幾乎每個禮拜上山露營，做爲忙碌工作中的放鬆；我不想待在營地煮飯看山，我喜歡旅行，到處走走看看。我喜歡看書，思辨議題，他則是看了文字就要睡著，甚至連我的兩本書都沒看過。

最難的可能是，我們對未來的想像不一樣。他期待結婚生子，和他的父母一樣，建立安穩圓滿的家庭；我對婚姻感到困惑與遲疑，更沒想過要生孩子，期待一邊旅居世界，一邊創作，創作就是我的孩子。

對於未來規劃不一樣這一點，我們一直都沒敢正面討論，彷彿害怕一旦揭開了，我們就必須分開，放手讓對方去實踐嚮往的幸福。J沒有把他的想望強加在我身上，但他仍舊會說：「我是一定要結婚的人啊！」讓我始終害怕，有一天他會找到那個願意跟他完成夢想的人，而我只能默默退場。誰叫我是那個，不想結婚生子的女人。

即使這些矛盾一直存在，但我們的相處上，大致沒什麼問題，生活磨出了一定的默契，對於彼此的個性都了解不已，也和對方的家人、朋友熟識，平常在一起時是很舒服的，沒有任何必須分開的理由。

我眞的曾經這麼深深相信：我們這輩子都不會分開。記得我與朋友說過：「與J的關係跟過去幾段都不一樣，我們很少吵架，安全穩定，應該就會一直這樣下去吧。」

J會對我承諾，除非是我想分手，不然他不會跟我分手：「因爲我都沒差啊！」雖然這句話聽起來，好像有沒有我都沒關係，但他給我的免死金牌，承諾他不會拋棄我，還是讓我覺得獲得了至高無上的安全感。

不過這個「沒差」的感覺，好像在關係的第四年還是第五年，也在我身上長了出來。進入老夫老妻的感情，漸漸讓人覺得，一天沒聯絡也不會怎樣、一週沒見面也沒關係、話題都在講狗，而不是彼此身上。

有幾次我在換衣服的時刻，一個人在狹小又安靜的更衣間裡，突然有一種「我是單身」的感覺襲來，有一股內在的聲音對我提問：「你們再繼續，要走到哪裡去？」「妳確定就要一直這樣下去嗎？」那個聲音太可怕，我無法接受，我們明明好好的，有什麼理由要分開？

我會趕緊冷靜下來，試著讓自己回想J可愛的時刻，他讓我覺得心動、幸福、安定的時刻，「嗯嗯，我們很好，沒事。」好像斷訊的手機，重新接上訊號，又好像逼自己重新穿上，身體下意識脫掉的一件衣服。

但是K的出現，卻讓我直面了這些感受，一份自然而然就傾瀉而出的喜歡，跟必須用頭腦說服自己，拚命重新連線的愛。就算與K的狀態完全不明朗，我不知道他是否喜歡我，也知道他有女友，但內在的感受差別如此巨大，我無法再忽視。

「妳去年分手的時候，是怎麼下定決心的？」我帶著煩惱，詢問與交往五年男友分開的Y。「就是有一些問題，妳無法接受，也知道很難改變。」「我當然也怕分手會不會後悔，不過後來我就知道，這件事如果只是用頭腦想，我永遠不會有答案，只有行動了我才知道。」

Y說她在分手後，能量全部回到自己身上，突然意識到原來自己可以這麼飽滿，就算毫無打扮走在路上，都會有人一直回頭看她，整個人都在發光。

而對於K的難題，Y的見解獨到：「我其實不會站在道德的角度看感情，我會覺得，要跟讓你感到有『生命力』的對象在一起。」

Y的話語，成爲重要的提醒，也是溫柔的路引。其實我自己心裡早已有了答案，只是需要一個認同與肯定，讓我敢往那條路走去。

回家後，又回到了更衣室換衣服，我最後問了自己一個問題：「在與J交往的這六年，妳有沒有盡了全力？」回想著我們初期的一路走來，每一個開心與不開心、彼此都努力調整自己的時刻。

「嗯，我已投入了全部的自己，在這段關係中用盡全力，毫無保留了。」

**我知道，這就是我的極限，我可以沒有一絲後悔地放下了。**

# 宇宙拉霸

那天J來家裡找我的時候，我剛好與朋友聊得比較晚，他在大廳等了我一小時。

「平常都是妳等我耶，今天難得換我等妳。」J說得對，跟他在一起的日子，一百次裡應該有九十八次，都是我在等他工作結束。或許我的心，已在那些等待中慢慢消磨了，他不知道，我自己也沒發現。

搭電梯前，J習慣在鏡子前拍合照，那天我的眼神應該特別可怕，刻意讓自己收掉感情，就像戴上手套，準備幫病人執行安樂死的醫生。

晚餐我們與家人一起吃，我故作輕鬆，聊了一些白天看到的有趣事物，J

沒有搭話。飯後我們回到房間，關上房門，我問他要不要先去洗澡，希望他盡可能在一個最舒服的狀態。他說不用。

「好，那我要來了喔。」坐在床上，我緊緊抓住他的手，深吸一口氣，卻什麼話都還來不及說，就先崩潰落淚了。我的牙齒咬得好緊好緊，整個身體都在抽動，才終於吐出一句：「我覺得時間到了。」

「分手」兩個字，我說不出口，因爲我不覺得我們是要分開，我眞正的感受是，我們會一直是朋友，是家人，只是做爲情人的期限到了，我們需要面對這一個事實。

「對不起，我不想這樣，但我的感覺就是這樣。」J一邊看著我，什麼話也沒說，默默流下淚來。那是在一起六年來，我第一次看到他哭，他自己也忘了上一次哭是什麼時候。「我正在傷害一個很愛我的人。」我在心裡痛恨自己的殘忍，但手術的刀停不下來。

「好奇怪喔，我竟然哭了，我以爲我準備好了耶。」他邊說邊把眼淚擦掉，但淚水還是一直冒出來。「你說你準備好了，所以你早就知道了是不是？」「嗯，妳剛剛晚餐時怪怪的，我就猜到了。」J一直都對我的狀態很敏感，我喜歡上K的事，也未曾對他隱瞞。

「其實有時候我也會感覺到，妳跟我的連線是不穩定的。」原來那些我試著重新連線的時刻，他早就都知道了。我們都感受到一些什麼，但都害怕跟對方說，因爲說了就必須面對。

J說我們兩個都太聰明了，知道哪些地方可能有衝突，就用其他的方式繞過，不去把那個問題揭開來。「其實，我們兩個就是不適合啊。」J說出這句話的時候，我又潰堤了一次，明知他說的是對的，但怎麼還是讓人這麼刺痛？明明我們也曾經覺得，彼此是世界上最適合的兩個人，爲什麼努力了六年，卻得來這樣的結論。

「我感覺到妳已經下定決心了。我之前有說過，如果妳提出來，我們就分手。」我以為自己永遠不會用上這塊免死金牌。

「但那個男生，有要跟妳在一起嗎？還沒有確定的話，就跟我分手，這樣不是很冒險嗎？」J想替我留後路，我說不想這麼奸詐：「不管有沒有找到下一個人，我都覺得要分開了，我沒有自己像你女友的感覺。」「妳是我女朋友啊。」「但我覺得，你是我最好的朋友。」這句話也許刺傷了他，我真的是一個很糟糕、很糟糕的人。

全程哭了好幾坨衛生紙，我用力擤鼻涕的時候，J說：「妳這樣很破壞氣氛耶。」讓我又笑又哭的。我們的相處就是這樣自然，眞的是很好的夥伴。

三個禮拜前，我才跟他說六週年快樂，此刻我們好像一起讀完小學的同學，圓滿畢業了。

我們約好先不跟他的爸媽說，這實在很難對長輩說明，畢竟我們的感情還是很好，這些不是裝的，是眞的。只不過比起情人，我們更像兄妹、姊弟、朋友了，我也還想去他們家看狗。

那天晚上，我們還是躺在同一張床上睡覺，隔天起床的時候擁抱。我的腮幫子因爲昨晚哭泣，咬牙咬得太緊，痠痛不已。

我們載家人出門吃飯，像什麼事也沒發生那樣，我們終於變成了爸媽那樣的大人，在房裡吵著離婚，在孩子面前卻裝沒事。

J在電梯裡把手搭在我肩膀上，又摸了摸我的頭髮，他好像很久沒有摸我的頭髮了。他聊起想租一個空間當攝影棚，我說太好了，支持你。從前在一起的時候，我鐵定會詢問財務怎麼處理？想好怎麼管理了嗎？你忙得過來嗎？

解開了伴侶的身分，我們的生活不再互相牽連，我不再需要擔心，反而可以全然支持了。

這是此生我第一次體驗到，所謂的「和平分手」，不是大吵一架後負氣分開，而是我們好好面對面，認眞討論確認，覺得好像要這樣，我們才能向前走。該說是命嗎？命給了我們六年的時間，不知該說足夠，還是遠遠不夠。

分手那一天，是十二月一日，一個永遠不會忘記的日子。而我在那一年，切掉了六公分大腸，離開六個月的工作，也斷開了六年的感情。一組六六六，宇宙給了我一個無敵拉霸。

# 喜歡，是永遠不會斷開的

J的家，是這個世界上最舒服的地方。

有吃不完的食物、柔軟的大床、兩隻可愛的小狗狗。J媽煮的家常菜，總是讓人吃到撐了還想繼續；J爸總是關心我的健康、工作狀態，同時保留舒適的空間給我；J妹則是親切可愛，也常煮飯給我吃。

在他家的日子，我是幸福飽滿的，身體、心靈都是。J的父母曾說，我是他們未來的媳婦，我雖然知道自己沒有想跟J結婚，但感受到他們對我的喜歡，還是對此充滿感謝。

J的家還有讓我最愛的一件事——他們家的紅貴賓「襪子」。曾經怕狗的我，在遇上襪子後被深深融化，變身一介狗奴，每次都很期待到他家去，與襪子緊緊抱在一起。看到我來了，牠會衝向門口跳呀跳，拚命要我趕快抱住牠；工作時，牠會躺在我的大腿上，安安靜靜地陪我；帶牠出門散步，牠會笑得合不攏嘴，小鼻子用力地嗅聞每個角落。

小襪子讓我深深感受到愛是什麼，喜歡到我第一本書的作者介紹，就是與牠的合照，也把與牠的故事寫進了第二本書裡。

要和J分手，就意味著我要離開這個家，還有我最親愛的襪子。

我在猶豫的那段時間，曾經到他家去，一邊掃地、一邊想著：「謝謝這個家，照顧了我六年，眞的非常感謝。」然後蹲下去，撫摸襪子身上的毛，在心裡問：「如果姊姊跟哥哥分手了，不能再來看你，要怎麼辦？」

我的腦海突然冒出一個訊息：「喜歡是不會因此就斷開的喔。」啊！應該是襪子傳來的訊息，我偶爾偶爾會收到一兩句，來自襪子的話語，至少我是這麼相信的。

我抱起襪子，把頭埋進牠的小身體裡，趁著家裡沒人的時候哭了一下。「姊姊，我跟妳的喜歡，是永遠不會斷開的。」襪子呀，我收到了，謝謝你，我知道了喔。即使我以後沒有再來看你，我都知道你是很愛我的，而我也會一直一直愛你一輩子。我們互相喜歡這件事，不會消失。

分手後的兩天，剛好認識一位新朋友，我們聊起了自己的養狗經驗：「我以前超怕狗的，但後來被男友家的紅貴賓融化，就澈底愛上狗狗了。」自然而然說出這個故事的後一秒，我才猛然意識到，不對，那已經是「前男友」了呀。

這段故事已經不是我的現況，而是上一個章節了。一切都悄悄翻了頁。

# 最困難的那個問題

分手後一個禮拜，我去和K說了我的心意，我想知道這曖昧的互動，代表著什麼？畢竟他不是單身的人，我沒辦法毫無負擔一直這樣下去。

「我分手了，原因跟你有關，但你不用感到壓力，只是我滿喜歡你的。」我用豁出去的態度，送出了一個直球訊息。

螢幕那端的他，應該很驚訝吧。但也很快回傳：「我對妳也是有微妙的感覺……不過我不太擅長描述這些事。」「但我可以肯定的是，妳很吸引我。」

妳很吸引我。看到這幾個字，我已經飄上了天，整個人昏昏的，沉醉在粉紅泡泡裡。

「我還想說你每次都秒回訊息，又很好約出來，該不會只是因爲人很好。」「哈哈完全不是，我平常對其他人很冷淡的，我不會沒事早起陪誰吃早餐。」確認自己在他人心中擁有特權，就像確立了你是個特別的人，是一件興奮又滿足的事，任誰都無法抗拒這種感覺。

我在訊息上按了個愛心，沒有敢再追問下一步。「今天先到這邊，先讓我逃走。」那個晚上我被甜蜜衝腦，翻了很久才入睡。

隔天我開始更大膽對他表達我的喜歡，喜歡他的細膩、喜歡他的思考、喜歡他的貼心。我從前不是這樣主動的人呢，在百分百確認對方喜歡我，而且會發展成交往關係前，我都是坐在高塔裡，冷冷看著大家，不讓任何人靠近的人——只有確定了我不會受傷、不會吃虧的愛情，我才敢投入其中。

但我也終於長出了願意告白的勇氣嗎？或許更是因爲，我是處在夾縫中，沒有空間與餘裕慢慢曖昧，跟一個有女友的人說我喜歡他，我知道我多麼糟糕。

我們在那個禮拜約了見面，我知道我勢必得問出那個問題：「下一步是什麼？會有下一步嗎？」

那天他的打扮特別帥氣、優雅，完全把我迷倒，我們吃著火鍋，我看著他問出了：「你現在跟女友的感情是？」「正常，沒有問題。」「喔，所以沒有要分手？」「對。」

我一下就得到了，我最想知道的答案。臉上的表情僵掉了，擠不出笑容。

「那我們的狀態是？」「不能再往前了，這樣妳會很辛苦。」我點點頭，苦笑說：「嗯，我會退回朋友的那條線。」

我看著他，很想給出一個「我沒事」的表情，但真的好難好難。

不過，那一天的我，竟然能夠在喜歡的人面前，問了最最困難的問題，實在是太勇敢了，這已經已經，很了不起了。我在心碎之餘，這樣安慰了自己。

隔天，剛好與朋友安排了一趟南部旅行，我跳上火車，沒有買到座位，只能一路站到終點。

明明有幾個空位，但就算過去坐了，也不知道什麼時候，會有一個人來跟你說：「這是我的位子，請妳讓開。」啊，一個瞬間我明白了，這就是小三的心情，無法理所當然的安穩，隨時隨地，都有被趕走的可能。

我還眞的沒有那個能耐，敢坐到那個位置上，幸好K也沒有想要弄這樣的一個位子給我，幸好。

此刻的一趟遠行，來得正好，適合剛經歷雙份失戀的人，「好像一趟失戀療傷之旅喔。」最後傳了這則訊息，給昨晚問我是否有平安到家的K。

關掉對話窗，我決定要戒斷這個人。

# 心意的直球對決

感情震盪的那個月，剛好是Netflix日劇《初戀》熱播之時。我在裡頭看見滿滿的「心意感」，一再被觸動，戀愛中的人，心都會變得特別柔軟。

想知道喜歡的人愛吃什麼，偷偷記在心裡，就像畫下一份通往他心底的地圖；把對你的感覺寫成一首歌，每個音符都是我對你的感受，你發現了嗎？……爲了和一個人再更靠近，絞盡了腦汁，一邊怕自己顯得笨拙，一邊又無法停止這樣的自己，每個人的戀愛都是這樣吧，愼重而眞誠。

以前的我對於配角沒什麼興趣，但這一次，我突然懂得了他們的心情。

比如也英在計程車行的同事旺太郎，劇中的幽默擔當，總是用「暴投對決」追求也英。剛剛才聽同事說了「鏡像投射法」，轉身就提了一桶水，跑到也英身旁，學她彎腰擦車。

不小心被也英戳破了，不會「見笑轉生氣」，他便乾脆直說：「晚上要不要跟我一起吃飯？」被拒絕了，沒有假裝說：「我只是隨便問問。」而就簡單地接下了這份拒絕，沒關係我明日再戰。

明明知道有九十九%機率會失敗的旺太郎，竟然選擇了人來人往的街道，單膝跪地告白：「我喜歡妳，請妳跟我交往。」路上行人側目嘲笑，這極有可能被偷拍PO上網呀，但他卻不以爲意。

不怕他人的眼光，直面自己的心意。

雖然如意料中被拒絕了，旺太郎依舊溫暖，還反過來激勵也英，面對自己的感情：「妳眞的可以接受現狀嗎？欺騙自己的感情，把它們藏在心裡。」「不要逃避！野口也英！要向前看，深呼吸，然後前進！哪怕會受傷，會丟人現眼，面對人生，要大步向前邁進！」

這段話應該是編劇兼導演寒竹百合，偷偷藉由旺太郎的口，最想告訴每個人的吧。

她在編寫這部劇本期間，搬到了長野山梨的八岳山口獨居，戒掉了網路與社群平臺，然後體悟到：

「沒有了手機，閒暇時間真的變多了，能更游刃有餘看清景色、天空和人的活動，雖然會寂寞，但比發訊息給人又等待回覆的渺小自我好多了。」

好像在說，不要被那些觸不到的人綁架，不要擔憂他人的眼光，你可以大步向前走的，縱然會受傷呀，但人生不就是這樣嗎！

不是被動等待他人、等待命運，主動發球、主動擊球。就像旺太郎的告白，即使早知會被拒絕，但是用心意對決的那一刻，靈魂深處的交會，絕對都是電光火石。我不用虛假的面貌應對你，我把我的全部，搬上這臺桌與你對賭。

輸了，縱然失落，也是心甘情願，不再因沒說出口的話，在午夜時分感到後悔。「不怕輸」本身，就代表你已經是自由的了。

就像也英當年在英文課堂上說，爲什麼《傲慢與偏見》最終收穫了圓滿的愛情？「最初的結果也許並不太好，但是達西先生的勇敢表白改變了一切。」

每一句「我喜歡你」，都是宇宙最美的奇蹟。

如果告白的意思，是好好說出自己的心意，那每一個願意說出口的人，其實都是告白成功的。我老老實實、明明白白，道出了自己的愛戀，沒有遺憾。我告白成功了——只是求偶失敗。

如果你曾收過那一句「我喜歡你」，你是多麼幸運，有個人爲你勇敢跨出一步；如果你曾說出「我喜歡你」，也要深深謝謝你自己，這麼無所畏懼去愛一個人。

# 四年一次世足賽

戒斷一個人是不容易的，特別是你腦中堆滿了多巴胺的時候。任何一點小事，你都會想到這個人，你們一起吃過的東西、聊過的話題、他曾經提過喜歡的事物。

你很想拍張照跟他說：「欸欸，這就是你上次提到的那個……。」背後隱藏的訊息是，我想起你了，我想你了。

很努力忍著不去做任何的聯繫，但是宇宙還調皮地在某一次我搭公車時，讓我看見車身印了跟他名字同音的廣告，這是什麼意志力大考驗，宇宙你不要太過分。

結果我還是在一週後破功了。共同朋友說了一句他的招牌口頭禪，我立刻大爆炸，傳訊跟他說：「X的！你要把這個習慣傳染給多少人？你知道連公車上都印了你的名字，宇宙一直在跟我開玩笑。」

一樣的秒回速度，他說他的名字就是常見嘛！過了幾分鐘，他突然傳來：「我不用任何宇宙暗示，就覺得妳陰魂不散了。」

喔？這是什麼意思？是想我的意思嗎？「齁呦！煩耶，對啦……」「我好想妳。」胸口被一股熱氣襲來，我又再度淪陷了。

他開始瘋狂訴說，過去那個禮拜他看到什麼想到我、吃到什麼想到我、去到哪裡想到我。就連上一次吃飯，我找給他的一張紙鈔，他都捨不得花掉，多麼可愛的一個人。

「穩定的波長都被妳打亂了。」此刻我已暈頭轉向，不知自己在仙界還是人間。

「很怕妳又跑去戒斷，我最後再說一個，上一次我們出去吃飯時，好幾次我都很想抱妳，牽妳的手。」啊！我也是呢，我很想像一隻無尾熊，整個人往他身上撲過去。「這樣我會瘋掉，我光想像就瘋掉了。」

他說他平時真的是很悶，不說這麼露骨話的人。「我很開心你跟我說，你全部的心意，我都有好好收到了。」「太好了，太好了。」我想像那時的他，應該是癱軟在椅子上，像一個剛高潮完的人那樣。

那天晚上，我完全睡不著覺，像是第一次戀愛的人，拿出手機偷偷回味那些對話。我太幸福、太快樂了，我好像被淘汰，卻又重新獲得一次進場機會的人，我們有機會發展嗎？

我把前面那個禮拜，憋著的話都跟他說，跟他聊天實在太愉快了，每句回應都正中我心。像是吸毒一樣上癮，我想要更多，還要再多。

不過我依然沒有忘記，他有女友的這個事實。過了一天，我很快又問起，他想怎麼跟我發展呢？我不想在灰色的地方待太久。

訊息那頭，他輸入了很久的文字，顯然是一段長長的訊息。

「就像我之前說的，我現在的狀態不適合做出改變，也無法承諾未來會有改變。但我還是希望生命中有妳，不管是做爲朋友，還是未來有機會做爲情人。」「也許在另一個平行時空，我們是感情很好的情侶，或是已經分手了也不一定。」

哎呀，竟然又是一樣的結果，我還以爲，那些喜歡我的話，會帶來什麼不同的發展。原來就是，單純的告白而已。

我帶著失落，回了句：「你說得很清楚，我知道了。」然後就把對話框往左一滑，刪除了我們一路以來，所有所有的對話。如果還留著，我會繼續沉溺，我不能讓自己這樣。

（但事後證明，我早就都記在腦海裡了，作家的記憶力就是這麼驚人。）

那天剛好是世足冠軍賽，他喜歡看球賽，也是一邊看球一邊跟我聊的。我祈禱他每四年觀賽的時候，都會想起今晚，想起我。人在愛不到的時候，只能透過這種憤恨的心情，期待對方永遠記得自己。

隔天起床，突然好想聽艾薇的〈甘蔗掰掰〉。對呀，我就是遇到了一個渣。

# 百年孤寂

那個禮拜，我手機裡的歌單是長這樣的。

**【第一天】**

艾薇〈甘蔗掰掰〉：

「不是每個女孩都該被你征服

我也不是喜歡吃渣渣

流淚的公主

pui 牙 pui pui 牙 pui

不如吐了甘蔗掰掰
頭髮甩甩」

Dua Lipa-IDGAF：
So I cut you off
I don't need your love
Cause I already cried enough
I've been done
I've been moving on, since we said goodbye

**【第二天】**
Taylor Swift-RED：

Losing him was blue, like I've never known
Missing him was dark grey, all alone
Forgetting him was like trying to know somebody you never met
But loving him was red

周蕙〈不想讓你知道〉：

想一個人多美好
就算只剩記憶可參考
被愛放逐到 天涯海角
我的思念你不用都知道

**【第三天】**

楊乃文〈離心力〉：

再靠近一寸
我就會當真
離心力與你
永恆拉扯

羅莎莎〈愛是〉：

經過了多少賭注
還參透不到領悟
我變得好無助
誰又是誰的歸屬

誰又是誰的束縛
來不及閱讀

**【第四天】**

郁可唯〈路過人間〉：
每段並肩
都不過是擦肩
曾經辜負哪位
這才被虧欠
路過人間
一直這輪迴
幸運一點

也許最後和誰
都不相欠

王菲〈百年孤寂〉：
背影是真的人是假的
沒什麼執著
一百年前你不是你我不是我
悲哀是真的淚是假的
本來沒因果
一百年後沒有你也沒有我

整個禮拜，我就像個瘋子一樣，經歷著悲傷的後座力，後來回頭看這歌單，竟然就恰恰走過了傳說中的「悲傷五階段」。

1. 隔離／否認：我刪除了我們之間的對話，把自己與這段關係徹底隔離。

2. 憤怒：覺得自己遇到了一個渣，沒有辦法在一起，還說什麼喜歡我！老娘不稀罕你的愛啦！

3. 討價還價：但喜歡他的感覺還是炙熱的，對他的想念這麼灼身。

4. 沮喪：原來〈離心力〉這首歌就是在唱小三的心情啊，作詞者葛大偉老師你怎麼這麼懂！「不要擁抱，切莫親吻，我會粉碎，再不完整」這幾句如此扎心，我一聽就落淚了。那是我第一次承認，我確實受傷了。

5. 接受：算了算了，所謂人間不過就是一場路過，我跟他也不過是擦肩吧。反正一百年後，我們都消失了，這一切只是一場雲煙。

整個過程裡，最難的其實是這份失戀太複雜了。不是過往單純的吵架分手，我也不是被劈腿的受害者，可以光明正大哭哭啼啼。我可是先出軌了，然後還想介入別人感情的那個人，照理來說，有什麼資格悲傷？

但確確實實我感到難過、心痛，同時發現自己是多自私的一個人。我在那一個月裡，經歷了分手、告白、狂喜、失落，心情曲線每天上上下下。最親近、一直都知道最新進展的朋友，說追我這齣劇，比韓劇還精采萬分。我無奈苦笑不已。

或許拉到百年的維度來看，我不過是世界裡的一顆小沙粒，但對於所有發生在我身上的事，卻有最強烈的感受，無法輕易用宏觀大度的眼光帶過，就說我可以笑看了。

「一百年後沒有你也沒有我。」但此時此刻，我們就是在這裡。我是這麼這麼執著、貪婪著愛恨嗔痴的一個平凡人。

# 輯三

# 愛情是一萬種灰

當人走過越來越多經歷，
就會明白每段感情，都有各自的獨特性，
站在道德高牆上指責，
或許代表你還沒走近過掙扎的夾縫……

# 長大的失戀

剛分手的那陣子，我走在路上看見情侶牽手，都會忍不住在心底想：「看著吧！總有一天都會分手的！」儼然變身成去死去死團。人在自己過得不好的時候，難以對他人生出祝福。

我也曾經相信，我們是會幸福相守到老的，但是那面鏡子破了、碎了，把我割傷了，我一邊摀著血、一邊就想鄭重告誡大家：「小心啊！愛情這東西會傷人，還會出人命，要小心呀！」

雖然心情酸溜溜的，但我也能明顯感受到，我跟上一次七年前的失戀，有了很大的不同。

我可以正常吃飯、睡覺，跟朋友約聊心事，邊哭邊講完，還會注意時間：「有點晚了，我差不多要去睡覺了。」朋友被我笑死，覺得這失戀的人還是挺自律的。大概是幾個月前剛開過刀，不能跟身體開玩笑，不能任由自己被傷心淹沒。

上一次的失戀，我還沒有學習身心靈的智慧，還沒有明白許多的傷，源頭都是原生家庭在身上刻下的烙印，父母的婚姻不睦、父親的缺席，都是我想填補的黑洞，當年卻沒有意識到。

那一年我二十五歲，也是我整個人生裡，最恨自己的時段。那時瀕臨崩潰的感情，男友一直想與我分手，我怎樣也無法面對接受，逼著他繼續走下去。

有天晚上，他逃回老家，我完全聯絡不上他。對我來說最可怕的不是激烈衝突爭吵，正是這種你完全不知道對方在哪裡，也不知道他在想什麼，完全被隔絕開來的孤獨感。

我無法承受，打了幾十通手機都被轉進語音信箱後，開始打到他家電話，那時已經晚上十一點，我不顧會打擾到他的家人，想盡辦法要找到他這個人。響了好幾聲後，他的弟弟把電話接起，說哥哥已經在休息，請我其他時間再聯繫他。

我掛上電話，還是無法忍受對方的不理不睬。那時他的車還留在我家樓下，半夜十二點，我拿起鑰匙決定開去他家，朋友傳訊息叫我冷靜，但我就是沒辦法，完全無法，衝動地一個人開上路。

我不知道自己在幹嘛，爲什麼會半夜在國道上開著男友的車，要去他家堵他？我爲什麼會落到這步田地？我爲什麼無法控制內心的衝動與憤恨？

恍惚之間下了交流道，在一個路口迴轉時沒注意到一臺大卡車，差點就要撞上去，長長的喇叭聲把我震醒！滿滿的羞愧感湧上心頭，「如果我就這樣死了，父母知道我是爲了去找男友，他們會多傷心，我又多麼丟臉？」

差點發生意外後，我才漸漸冷靜下來，把車開到他家樓下停好，鑰匙留在花盆裡，知道今天不會見到他，傳了訊息，就搭計程車回家。花了一千多塊，回到家是兩點，隔天還要上班。

我到底在幹嘛？到底希望得到什麼呢？那時的我並不知道，只知道內心有一股巨大的力量正在將我吞噬，讓我失去理智。

後來的我們依然分手了，我開始踏上內在探索旅程，想知道那張狂的情緒根源。發現是來自原生家庭，混沌逐漸明朗，看見狂暴的背後，有一個躲在角落哭泣的小女孩。「妳也不過是想要被好好愛著呀！」我為自己拔下一根根刺，擁抱那個顫抖的孩子。

多年以後，我成爲了心靈作家，大家眼中療癒、平靜、安定的樣子，但大家沒看見的是，我也曾經這樣瘋狂過，只差一點點就可能成爲「恐怖情人」。

我其實認爲，每個人都有變成恐怖情人的可能。我們並不是想傷害愛人，只是被拋棄的當下，實在太痛苦了，你無法承受那份崩潰，你只是想要有人幫你止住痛苦，你以爲攻擊他可以換得他的注意力，只要有人還願跟你爭吵，你就能分散心力，不必一直感受自我厭惡的情緒，或是重複被拋棄的墜毀感。

所以我一直覺得，在談愛自己前，我們應該從「不愛自己」，甚至「恨自己」開始聊。先讓我們承認恨自己吧！你恨哪些部分？原生家庭、朋友、愛人？無能爲力、脆弱膽小、自私貪婪的自己？

請一個一個召喚他們出來，正面直視他們，一邊咒罵的同時，請你去感受「那個凶狠的面目背後，他渴望著什麼？保護著什麼？」「他內心眞正最想要的東西，到底是什麼呢？」一定有一個最深層的想望，讓每一個時刻的你，呈現出了那個樣子，認爲那樣就能得到想要的東西。

張狂的底層是失落，你一定要穿越表層的僞裝，看見裡頭的失落，才能發現眞實的樣子。

我們並沒有錯，我們只是渴望被愛而已，這怎麼會有錯？只是可以換個方法試試，不再用脅迫的方式得到，而是真誠地表達你的希望。

過去幾年我認眞做心靈功課的獎勵，在這次失戀中一覽無遺，我知道了所有的失落，都沒有誰必須爲我負責，全部都源於我的內在，而且是我允許它們生成的。

失戀的痛苦依然很重，我在洗澡的時候想起與J的過往，還是常常痛哭，覺得體內有某種東西正在硬生生剝離。半年以後，跟朋友講起分手的那一夜，也還是泛淚哽咽。

但我知道有一天，我終將不再有這些感受，所有痛不欲生的當下，其實都是珍貴的一刻，那都是我們深深愛過的證明，我們曾經用盡全力的證明。

# 畢業旅行

分手後的聖誕節，我跟J一起去露營，像是一場畢業旅行。

「欸，以前在一起的時候，我們都沒有刻意安排一起過聖誕耶，分手了才想一起過。」我們笑說。以前會覺得，反正平常都已經在一起了啊，沒有必要碰到節日還綁在一起，現在失去了這個理所當然，我們反而珍惜了。

記得有些歌手每年都辦跨年演唱會，有個傳說中的「分手測試」，就是今年我們先買票，看明年還會不會在一起，有沒有辦法一起去看演唱會。我相信每一對買票的情侶，當下一定都是想著：「廢話，這有什麼難的，我們會一直在一起好不好！」如果我跟J有買票，此時的我們一定就會說：「靠杯！還眞的分手了耶！」

J有一群熱中風格露營的朋友，他們除了追求裝備齊全，還注重美感搭配，是臺灣風格露營的領路人。J是在那一年主動去認識他們的，他說一開始他們還沒怎麼理他，但J以影像與美感實力，成功成爲了他們信任的夥伴。

J在這一點上，總是讓我很敬佩，喜歡的領域他就主動去接觸，把興趣玩成專業，然後收穫一群新夥伴，就像他最喜歡的漫畫《航海王》。

「他們一直在問我什麼時候到，已經幫我留好了一個位子。」聽他這麼說的時候，知道他是怎麼一路走來的，我又哭了，那是感動、欣慰的哭。我說：「以後你所有的成功，我都還是爲你感到開心。」我這輩子都會。

在營火前，我聽到音樂開始扭動跳舞，隔壁帳篷的女孩跑來說：「哇！妳好可愛，不用喝酒就開始跳舞了。」對啊！我其實好久沒有這樣自在跳舞了，自從分手後我每天都在浴室裡，把音樂放得好大聲，在洗澡時隨音樂流動，感覺內在被解開、釋放了，感受自由與藝術性。

J站在我身邊，旁人看來，我們肯定就是一對正常的情侶，我們也並未多解釋是「現正分手中」。如果情侶在一起之前，會有一段曖昧期，那分手也應該要有一段曖昧期，感情不是一刀劃下就能斷開的東西。

我拍下一張J的照片，發到限動說：「帥到分手。」J轉發，在下面寫：「好！」不知情的朋友會以爲我們在搞笑，沒想到我們是說眞的。我跟J實在太像超級好朋友了，連分手都可以拿來開玩笑。

「其實妳那時候跟那個男生出去吃飯時，我還是有小難過耶。」J聊起這件事，我第一次聽見他表達出他的在意。「但你那時候，爲什麼都說你沒差？」「因爲我不想對妳情緒勒索，限制妳交朋友的權利。」我說你不讓我知道你眞實的感受，我就會以爲你眞的沒差，一路往那邊去了。但我也跟他道歉：「我對你很壞。」

「喔！所以我們是九把刀式的錯過嗎！」這個北七，一如往常的北七。

「但我們沒有要走復合的路線對不對？」「嗯，先讓我出去看看這個世界吧！」我說，或許有一天我會後悔，會回來跪求他復合，但不是現在，現在我想去飛。

「所以我可以去跟別人結婚了對不對？」J像是突然在沙灘上發現貝殼的孩子，眼睛發亮。「是的，你可以。」「那我下一個一定不要找作家，作家好麻煩喔。」「欸！我才想找一個聽得懂成語，然後會看我的書的人呢！」

分手後J曾經跟我說：「對不起，耽誤了妳太久了。」我把他罵了一頓，說這是什麼父權思想，只有女生的青春是青春，比較寶貴嗎？你不是也把你的六年分享給我了嗎？難道我自己沒有長腳，沒有主體權嗎？願意跟你在一起這麼久，也是我的選擇，才不是你耽誤我勒！

J應該真的覺得，作家太難搞了吧，女性主義者太難搞了吧！這種話應該很多人聽了都會很感動才對啊，而且是我眞實的心聲耶！

我知道J這句話背後的溫柔。但我想說的是，你看，你也曾因爲我不想結婚，暫放自己想婚的念頭，我也耽誤了你的夢想啊。愛情本來就是互相耽誤、互相成全，我一路心甘情願，你眞的不必抱歉。

六年，從二十幾歲走到三十幾歲，我們彼此陪伴，見證成長。可是到了某一個臨界點，時空停滯了，唯有分開，不再依賴彼此，各自打怪，我們才能往下一階段去。

「我相信在其他平行時空，我們一定結婚了，而且一起活到老啦！」J說話的方式，總是很像熱血的漫畫主角。

咦？這句話好像K也說過，男孩們是不是都特別喜歡，寄情於平行宇宙？

我覺得可愛、感激，在你們的宇宙裡，願意騰出空間，安放一個我。我也相信，在某個宇宙裡，我們是一直在一起的。

# 鐵皮屋與咖啡廳

趁著回歸單身身分，我第一次註冊了交友軟體。女性角色在市場上相對吃香，一天就收到將近一百個邀請，瞬間對自己的信心爆棚。

J也很好奇，在一旁陪我玩，還幫我聊天，我們眞是最怪的分手情侶。

我抱著做田野調查的心情，來看看這個世界長什麼樣子。

大部分人的照片都不是正臉示人，不然就戴口罩，還有用濾鏡，甚至使用AI照片。個人資料詳細到，你是否想要小孩、對於家事與育兒的態度、是否接種了Covid疫苗都有。

各式的開場白，花招百出，比如有人說了一個笑話：「昨天去買飲料時，我跟他要一個塑膠袋，店員說：『那要再一塊喔。』後來我們就在一塊了。」還問我覺得好笑嗎？

有人是說了一句奇怪的話，開頭就講：「感覺妳不適合網路交友。」到底是什麼意思？

也有人一開始就立下規則：「剛離婚沒多久，還沒有走出傷痛，請不要問我相關的事，也不要把分手掛在嘴上，心真的會痛。」

還有人馬上就說要加 Line，我說太快了，我還不認識你呢，他回：「那算了。」翻臉比翻書還快。

以前在直男行爲研究社看見的奇觀，原來這麼容易遇到，完全是我沒接觸過的世界。

我找到一個順眼的男性，開始跟他聊天。濃眉大眼，身高一七八公分，工作是工程師，這樣的人竟是單身？我完全不相信。

他說他在軍營工作，是做機密資料的系統維護，每兩個月才能出營一次，所以現在無法見面。我問他長這麼帥，怎麼可能是單身？

「我被前女友傷得很深，她家很窮，我教了她一套虛擬貨幣的賺錢方法後，她賺到很多錢，結果因爲我沒辦法常常陪伴他，她就劈腿了。」

「那你有從這次經歷，看見自己過往的什麼傷痛被勾起嗎？然後你後來怎麼去處理這個傷口？」我立刻開啓心靈導師模式，想跟他探討情傷議題，對方傻眼無比，開了另一個話題別過身去。

我又把他抓回來，認眞分享自己怎麼走過情傷的故事。我是故意的，因爲猜到對方大概九十九%是詐騙集團，先設定無法實體見面的條件，再營造被前女友傷害的可憐形象，最後暗示他有一個可以教人賺大錢的方法。

如果此刻的我極度渴望愛情與金錢，也許就會上鉤了。人在匱乏什麼，就容易變成被人攻擊的弱點，詐騙集團都是很懂人性的。

但我沒有直接問對方是不是詐騙集團，還是保留著一點空間，在聊了一天後跟他說：「我覺得文字聊天比較累，不然我們先暫停聊天，等你下一次出營時，直接見面吧！」

對方不開心，開始有點惱怒：「如果我們能夠聊得來，見面時才不會擔心冷場。」「妳一開始應該就要說清楚，這樣是在浪費我的時間。」

我滿頭問號，想說我在第二天就跟你說了，這樣不夠快嗎？還是浪費時間嗎？你是命很短嗎？還是我耽誤了你去詐騙別人的時間呢？

「那就這樣好了，886。」看到886三個字出現時，我完全不敢置信，這個我從國小就再也沒看過的寫法，竟然這麼復古地重現了。

我只能說，我實在很不適合玩交友軟體，這個世界我不懂，前面那位朋友的看法是對的。

沒有比較，沒有傷害。我對J說，天啊外面的人原來都那麼奇怪，我要跪求你復合了，我竟然放生這麼好的你，我是白痴嗎？

「Yes, you are！」J狠狠地笑了我一番。

我一邊笑自己的蠢、一邊深刻感受到，不對頻與不適合的人就像鐵皮屋，而喜歡的人就是那當中的一間咖啡廳，亮著黃色的暖光，散發著恬淡氛圍。就算是坐在車上遠遠瞥過，你都能一眼認出他，被他抓住目光，吸引你進去休息一下。

只可惜我想要的那間咖啡廳，現在有其他客人，客滿中。沒關係，這世界之大，總會有下一家出現，能讓我靜靜待在裡頭，不想離開。

# 我們到過那裡

我在愛情裡，見識到了自己的許多黑暗面。

比如說，我明明知道K有伴侶，我還是向前靠近，不顧這個舉動可能帶來的傷害。比如我喜歡上了別人，就想放下J，知道他會對我退讓與寬容。

可怕的就是，我一直都很清楚這些事，卻也無法因此就停下我的黑暗與自私。誠實地說，我就是不想要成爲最後一個被拋下的人，在這個大風吹搶椅子的遊戲裡，我怎麼樣也要搶到一個位子，即使把別人撞傷，心裡會感到抱歉，但我還是會這麼做，我並不慈悲偉大。

我想起某一任男友A。我是在與他分手後幾天，才從朋友口中得知，他早已與其他女生曖昧，形同精神出軌、微劈腿。我問了他這件事，他說：「那只是蜻蜓點水。」

他說得雲淡風輕，卻讓我永遠深深地記住了這四個字：蜻蜓點水。

知道與他曖昧的對象，是與我工作有些微交集的B，聽說B還曾與其他夥伴分享她與A曖昧的細節，我怒火中燒，感覺像被踩在腳底下，完全不被尊重。

但直到此刻，我想我或許能多少明白，他們各自的心情。不管是狠下心做出分手的那個決定、在有伴侶的同時卻喜歡上其他人、與有伴侶的人搞曖昧的罪惡感……，或許這當中，沒有哪一個角色是容易、能全然快樂的。

我們就像在一個大型的轉盤上，你以為你永遠不會，也不該到對面去，你會一直在正確的位置，守得好好的。但就是有那麼一天，你轉到了那個你認定一輩子不會成為的角色，翻開劇本，突然間懂了屬於這個位子的心酸與悲哀。

於是我們才有可能，練就了真正的寬容與諒解。

當我與朋友聊起這段故事，才發現標準又正確的戀愛，基本上不存在。成年人的戀愛世界，根本就是大型車禍現場，每天擦傷、對撞、連環災難不斷。她的現任老公，就是上一段戀情的小王；看似愛家的他，常常找人妻約砲；她和出軌對象，都劈腿了各自的伴侶。

這些上不了檯面的「勾當」，也許才是現實世界最眞實的樣貌。小時候挑選玩具，我們都會想要最喜歡的那一個了，然後隨著時間成長，發現喜歡的一直在變，也不會只有一個。更何況是找伴侶這等人生大事。

不過這些貪心背後，或許就是一個個害怕寂寞的心靈吧，找樂趣、找伴侶、找意義，都是人類很努力，在與浩然的孤獨搏鬥啊。

我很感謝身邊朋友，在聽聞了我的故事後，從無責怪或說教，而是貼心遞上一句：「妳好勇敢提了分手，如果是我，肯定會先確認下一份感情，才敢分開。」「喜歡上有伴侶的人，眞的很辛苦呀，我懂。」

我曾這麼安慰過失戀的朋友：「記住你此刻所有的感覺，因爲以後你就會離開這裡。但是當有其他人也到達這裡時，你就可以跟他們說：『那個地方我也去過喔，我知道你的心情。』」

現在，我把這些心情全寫下，就是想要告訴以後抵達這裡的人，你並不孤單，我也到過那裡。一如早已去過那裡的人們，都溫柔地跟我說：「沒事，我們都在，有一天妳會好好的。」

# 黑天鵝

其實，我知道K的女友是誰。

某個準備與K見面的早上，我滑到他的臉書頁面，最近的一則發文裡，出現一個親暱的留言，一看就知道，是她。

我對她有印象，之前臉書的交友推薦常常跳出她。雖然在現實世界並不認識，但顯然圈子不算太遠，也有許多共同好友。

「這世界真的很小啊！」我再次瞇眼掃向宇宙，祢真的很故意。

我應該不要知道她是誰，比較好，但不小心讓我發現了，一場內心的競逐就開始了。

我打開她的大頭照，微笑的側臉，看不出來實際長什麼樣子，但我隱隱覺得跟我的氣質很像，乾淨、沉靜、內斂，應該還有些頑皮可愛，只在愛人面前展現的那種。

沒有什麼公開資訊，我滑了一下就趕緊關掉，好像在窺探他人的隱私。她不知道我的存在，而我卻知道她是誰，這種罪惡感太沉重。

「原來只是因爲，我跟她的感覺很像，所以吸引到K了嗎？」

覺得自己的氣場破了個洞，我整個人凹了下去。以前我認爲自己是《小美人魚》中的愛麗兒、《睡美人》裡的奧蘿拉；現在我卻變成了烏蘇拉假扮的凡妮莎、詛咒公主的梅菲瑟。

我是一個複製品，比較劣等的那一個，比較晚來的那一個，比較黑暗的那一個。此時此刻，我就是故事中的反派，傳說中的那個「壞女人」。

「我其實也沒什麼特別，世上有另一個跟我很像的人，而我輸給了她。」

有一段時間，這個念頭在我腦海盤旋很久，像是禿鷹啄傷著我的自信。我完全沒跟任何人提起，包含最親密的朋友，我不知該怎麼說。「因爲她跟我長得很像，所以我覺得自己很糟糕？」自己都不知道這到底是什麼意思。

藏著這個祕密過了一陣子，有天臉書又跳出她的好友推薦。我決定上網找找她的照片，看看盤踞我心中的陰影，到底長什麼樣子？網路世代，照片一下就找到了，令我驚訝的是，跟我先前的腦補想像完全不像，跟我也完全不一樣。

我看著照片發呆了好久，想說我之前到底在害怕什麼呢？為什麼會覺得一個人的存在，減低了我的價值？我心中的假設，竟然是錯誤的，全是我一廂情願，戴上極度失真的眼鏡。

經典電影《黑天鵝》有這麼一個橋段：無法面對自我黑暗與慾望的女主角，一直將另一位大膽狂放的新進舞者視爲敵手，害怕她奪去自己的角色。在逼到情急之際，她痛下殺手，將鏡子碎片刺進了對方的肚子。

狠下心來殺了敵手，女主角心中的邪惡完全釋放，她不再客氣退讓，讓野心嶄露無遺，完美詮釋了無畏他人，只顧自我的黑天鵝。

但是下了臺後，她才發現那位新進舞者根本沒死，碎片刺向的不是他人，而是她自己的身體——從頭到尾，她的敵人都只有自己而已。

從頭到尾，我的敵人，也只有我自己而已。

我因不被選擇，而覺得自己比較差的自卑；我因得不到，而心有不甘的氣憤；我因自知理虧，而不願面對的情緒；我因想被接納，而隱藏起來的自私與黑暗，在一個「非正道」的角色裡，全被激發出來，遍覽無遺。

敵手與敵手之間，其實就是互爲鏡子的關係，不管是情場、職場、國與國之間。既然是鏡子，那看見的就始終是自己，不是別人，他映射出的，是你對自己的認知，你對自己的恐懼。你投射出去的能量，最終也是反彈到你身上。

我笑了笑，覺得自己眞的很搞笑，被想像的幻影嚇得團團轉，一切都是我盛大的內心劇場，一個人在黑暗中的狂舞。自卑、不甘、氣憤、自私，本來就都是我的，與他人無關。

她永遠也不必知道更多，因爲從頭到尾，都是我跟我自己的事。

# 夾縫中的第三者

經歷過不同情感狀態的人，面對他人的感情八卦新聞時，大概都會產生不同觀點。

我很喜歡的美國歌手泰勒絲（Taylor Swift），在我分手後一陣子，也被媒體報導：「泰勒絲六年戀分手！最接近結婚的一段情。」

我看到標題很吐血：你怎麼判斷這是最接近結婚的一段？因爲交往的時間長嗎？交往時間長就代表要結婚嗎？愛情的目標一定是結婚嗎？他們本來的人生規劃有結婚嗎？最後，結不結婚，到底關大家什麼事？

很明顯地，我把自己的狀態投射代入。但也因爲同樣經歷過六年的感情，才會對多數新聞裡傳達出的「可惜感」，拉開一段冷靜的思考距離：有沒有可能當事人並不覺得可惜，而是一種圓滿的完成與放下？

當人走過越來越多不一樣的經歷，就會明白每一個人、每一段感情，都有各自的獨特性，每個選擇背後，也都有千絲萬縷的緣由和掙扎。不曾親自走過他人歷程的人，說出口的評判都是片面而武斷的，頂多是反映了「自我的價值觀」，而不是你眞正看透了他人。

我在逼近過第三者這個位置後，對於這樣的角色處境，有了深刻好奇。剛巧朋友介紹蘿芮．理查森博士（Dr. Laurel Richardson）的著作《夾縫中的女人》給我，這是第一本研究「第三者現象」的專書。

稱之爲「現象」，就表示不是單一個案，而是一種普遍的社會模式，背後肯定有什麼結構性、系統性的原因，讓這樣的現象不斷產生。作者要問的就是，背後的成因是什麼？這些人的心情是什麼？他們的未來又何去何從？

理查森博士的關注焦點，是成爲第三者的女性，那些與處在婚姻狀態的男性，有著長期性關係的女性。

她發現第三者現象，與性別議題息息相關：

在「男人應該高於女人」的傳統觀念裡，男性傾向找比自己弱的女性，而女性傾向比自己強的男性。當受到良好教育，且擁有經濟實力的女性越來越多，她們難以找到比自己更強的男性，在婚姻市場落單。

女性不斷被灌輸「愛情」是人生必需品，匹配的單身男性卻又數量不足狀況下，可能就會選擇成為第三者，在法定與道德範圍之外，取得自己想要的親密關係。

隨著越來越多女性進入職場與公共空間，已婚男性遇見女性的機率也較以往提高，增加了親密關係發生的可能性。

當女性擁有更多經濟自主性，不必依靠婚姻制度才能存活，傳統性別觀念開始解放。選擇成為第三者，讓她們可以享有愛情，卻又能獨立地生活，實現事業目標、完成學業等。

我相信許多人一開始，並不覺得自己會成爲第三者，畢竟誰不知道這個角色是人人喊打的。但當我們活在這樣的性別結構中，嘴上罵著這是糟糕不已的事，卻有一雙黑手默默把人推向這樣的位子。

她可能只把他當作敬重的老闆，但就在一次相處中，他對她傾訴了內心的脆弱、與妻子的不睦，她生出憐憫心，與愛情混雜在了一起。她就這麼跨越了那條線。

我也不覺得向他人尋求慰藉的男性，眞的罪大惡極，或是預謀犯案。婚姻之難，或是當長期關係沒了新鮮感，人們想要重新找回生命力，對新人產生好奇，都是極為人性的一件事。

我並不是鼓勵，或對於這樣的關係感到肯定，我只是深深感受到，不在規範與界線內的情感，是多麼容易發生的事呀。特別是當它背後還有社會性結構，我們卻只用「個人的道德感」來譴責每個越線的人，是否忽略了某些現實。

其實我是最害怕成為第三者的那種人，因為從小就經歷過父親外遇，母親痛訴小三的場景，她們是最該死的敵人，我怎麼可以成為她們？成為她們意味著，我背叛了母親，這是我最無法承受的罪孽。

但偏偏靈魂的野心，就是你越害怕排斥的，越會讓你去體驗整合。當我們離她們就差一步的距離，當我發現那是多麼輕易就能滑過的界線，我變得沉默、安靜，再也不能輕鬆地選邊站，發誓自己永遠不會成為她們。

站在道德的高牆上指責，或是對他人指指點點，永遠是最容易的，不過那或許代表了，你還沒有走近過那道夾縫。難以保證當你就在那處境中，還能理智而冷靜，不去成爲你曾經鄙視的人。

我們能做的是，把每一份厭惡都打開來看，試著重新聽聽每一個嗤之以鼻的角色，他們從何而來？如何成爲今天的樣子？有著什麼樣的心情？

也許你會跟我一樣，對於感情八卦變得沉默，因爲知道那當中錯綜復雜的思緒，永遠不是一兩句話就能說得清，也不是任何他人能輕易評斷的。

# 下一班列車

發現J交新女友，是一個平凡無奇的早上。我滑著IG，女孩與他的身影就這麼蹦出來。

只有上半身，看不到臉，J站在她的身後，手繞過她的脖子，對著鏡子自拍。那是J習慣拍合照的方式，我曾經也站在那個位子。

那個感覺很奇怪，好像有人在模仿你，但位子是你主動讓出來的。雖然分手是我提的，看到前男友交新女友的當下，腦袋還是像頌缽被敲了一下：「嗡～～～」地響了一陣子。

提分手的人，依舊會感到失落。

分手後一個月，我還是去J的家看狗，有次J要來捷運站接我前，說有朋友的貓走失了，要先去幫忙處理，請我稍等一下。

「肯定是對他有意思的女生吧！」我敏銳的直覺，立刻猜到了是怎麼回事。等到J來接我，一上車我就問：「是女生朋友齁！」不帶有任何一點責怪，只是想證實我的猜測是否正確。

J卻緊張起來：「吼，對啦，我剛剛來的路上就一直很緊繃，想說妳可能會生氣。」「但分手了，就是可以各自交新朋友啊。」

「我知道啊，我只是想問一下，沒有要怪你的意思。」面對J高漲的情緒，我急著解釋與安撫，但說著說著，我突然就哭了起來。

「齁呦，我就是怕妳這樣，才一直覺得壓力很大，我根本就還沒有交女朋友耶！」結果J更加緊繃，車上一團烏煙瘴氣。

爲什麼我會哭呢？我早就知道這一天會到來，我們會「眞的」漸漸走遠，各自遇到新的伴侶，然後不再陪伴在彼此身邊。但就算頭腦理性上知道，情感面依舊會不捨、難過，依然需要時間去慢慢釋懷。

分手的情侶，就像兩個已經到達終點站的旅客，下車後在月臺，等待各自的下一班列車。任何一方的列車先到達，先上了車，被留下的一方，都會獨自在月臺上，感到孤單與失落。

「我眞的沒有要怪你的意思，但我內在就是有一些情緒會跑出來，我哭完就沒事了。」在那個不知道還能待多久的副駕駛座上，我沒有壓抑，讓情緒好好地走完了。

「等你以後眞的交新女友了，我可能還是會有情緒震盪，但那都是我自己會面對與處理的事，你不用感到有壓力。」我很努力地把這段話表達給J。他說他知道，但是因爲他依然在乎我，不希望讓我太傷心難過。

「那妳覺得過多久，我再交新女友，妳比較可以接受？」「嗯！……半年吧。」J跟我就這樣訂下半年的約定。

然後半年一到，他眞的就交了新女友。效率之高，我以前催他做什麼事，都沒有這般快速，可惡。

看著他們的合照，我的心感到酸酸的，不是憤怒也不是嫉妒，更沒有半點悔恨，也許更接近一種淡淡的苦澀吧。我在那個早上，不否認也不閃躲，好好咀嚼了這份滋味——我又嚐到了人間的一種味道。

# 如果這世界，貓消失了

終於開始整理J放在我家的東西。

一堆零碎的攝影器材、充電線材，那個西洋棋盤是他在瘋《后翼棄兵》時買的，他還教了我怎麼玩。這件外套是他跟朋友借的，過了N年忘記還，十足J的作風。

愛情真是充滿了弔詭。每個人初入熱戀時，誰不是興高采烈把自己的東西，一點一滴搬進對方的世界，想攻占他的每一幕眼簾，好像小狗撒尿要占地盤。在洗手臺上看見自己的牙刷，或是專屬的馬克杯，心安覺得自己成了主人。

但當愛情散去，卻像殖民政府急急撤退，一個個充滿印記的小物，成了被遺棄的難民。

我每次分手都告誡自己：下一次，不要再到對方的家裡去生活。不過喜歡久了，你就是想要和對方生活在一起，共享吃喝拉撒睡的一面，比起在外約會的美好，更有一種獨家專屬的親密感。

與彼此交織的面相越多，就代表分開時，你要撤離與整理的越多。

我總覺得整個分手過程，好像在玩疊疊樂：我提了分開、他告訴了朋友、我跟家人說了、他減少回私訊、他也告訴了家人、我不再去他家、沒有再見面、他交了新女友、整理彼此的東西歸還，最後一切結束。

一塊一塊，抽掉我們曾共同搭建起來的世界，一塊一塊，崩塌墜毀。

我們曾經在聖誕節露營時，說要一起再看一次《如果這世界，貓消失了》，那是我們第一次單獨看的電影，也是對對方產生印象的開始。

那時有位共同朋友約了我們兩個，但是他本人沒有來，變成我跟J去看。

後來我們一起吃晚餐，從事影像工作的J跟我分享，剛剛哪個鏡頭，導演用了什麼手法，是在表現什麼樣的意境。我聽著聽著，漸漸覺得眼前這個人有意思，不像許多男性，說不出他們對於一部作品的感受與想法。

我們頻繁約看電影，自然而然走在了一起。我們一致同意，是《貓》這部電影，爲我們牽起了緣分。

哪裡開始，哪裡結束。本來想要藉由這部電影，做個充滿儀式性的結尾，結果忙到太晚，就直接睡了。

後來我決定，自己重看這部電影。

主角是一位年近三十歲的郵差，某天發現自己得了腦瘤，就快要死亡。他在崩潰之餘，遇見了一位惡魔，惡魔與他進行交易，只要讓世上的某樣物品消失，他就能多活一天。

電話、電影、時間，隨著物品一樣樣消失，他逐漸明白，是那些無關緊要的小事，讓他認識了朋友、前女友，還有與家人間親密的情感。沒有任何事物是不重要的，抽掉其中一個，這個世界都不再一樣。

惡魔最後說，讓貓消失吧，他決定拒絕，保有生命中最珍貴的回憶，不讓任何過去消失。

「我存在過的世界，和沒有我的世界，一定會有所不同，也許是很小很小的差異，但那就是我活過的證明。跌跌撞撞、千頭萬緒，這就是活過的證明。」

你和他曾經愛過的世界，和沒有愛過的世界，一定也有所不同。分分合合、哭哭笑笑，全部也都是深刻愛過的證明，其實一輩子，都不會消失。

我很喜歡陳綺貞的一首歌〈沙漏〉：

我用沙子蓋一座城堡

為什麼浪一來就不見了？

我用沙子畫一幅畫

為什麼風一吹就不見了？

我聽到這段歌詞時，都會很感傷，生命啊生命，就是這樣，我們堆起沙堡，然後隨著時間流逝，好像我們從來就留不住任何東西。

不過我也很喜歡她後面唱著：

我讓沙子全都睡著了
數著它們我也睡著了
在夢裡我看見它們
一閃一閃還為我亮著

他們說生命像一粒沙
如果生命她會說話

她會說謝謝你愛她
像大海愛著浪花

對呀，即使是這樣，我依然愛著這個生命，依然愛著每個與我錯身而過的人。相遇、相戀、分開，每個過程都是故事的一部分，並不是分開了，就抹煞了之前的所有。

他們說生命像一粒沙
如果生命她會說話
她會說謝謝你愛我
像大海愛著浪花
像大海愛著浪花

# 輯四

# 把自己活成繽紛

是我沒有變成自己渴望的樣子，
才不斷把期望與失落投射到別人身上。
想去的地方、想做的事、想擁有的體驗，
我要帶自己達到，不再被動等待或用愛情來交換……

# 越分手，過越好的女人

與J分開後，我想起藏在抽屜的留學夢，好像沒有了牽掛，終於可以出發。

實在很奇妙，不久之前我還覺得要考英文檢定、準備個人申請資料，是一件麻煩的事，但是此刻再拿出來檢視，我內心的獨白竟從：「這太難了，我多久沒有讀英文了？」變成「這有很難嗎？我以前的英文能力不差啊，而且我是很會讀書考試的人耶！」

當時以為我是無法獨立自處的人，到了國外的陌生環境，需要一個人生活，如果沒有伴侶的支持與陪伴，我肯定無法承受。但此時的我，想到一個人在海外的探索，卻是興奮勝過了恐懼，覺得我自己一個人，也能活得好好的，而且更加輕盈。

就在那一個月，我認識了一位專門協助海外留學代辦的朋友，與他約了見面聊聊。他想出書，將過往經歷做整理，卻不知道要怎麼開始，我剛好有幫人代筆寫書的經驗，發現彼此的專長可以協助對方，就決定要交換技能，他指導我如何申請學校，我幫他把故事寫下。

境遇有如神助，讓我相信擱置了十年的想望，此時正是實踐的時刻。我的心智與能力，來到了一定的成熟度，身邊少了伴侶，沒有讓我變得脆弱，反而因為自己一個人了，堅強自由起來，這是我完全沒有料到的。

回想起來，我好像是越分手越能勇敢的人。

第一次分手，從來沒什麼運動的我，在蘭嶼爬上了大天池，手腳並用拉著繩子，一點都不害怕困難與挑戰；第二次分手，我直面了原生家庭的課題，將自己的故事揭露給認識與不認識的朋友，意外開啓作家之路；第三次分手，拾回遺落的留學夢，像是突然甦醒般，想起世界這麼大，我還有太多未曾探索。越分手過越好的女人，我不知世上有哪種生物，能比她更強大、更美麗。

我對自己的認識，有一部分偏差得離譜，我是很愛哭沒錯，也常常感到人生很難，動不動就哀哀叫，覺得一定要有人陪我，我才能站得起來。但事實證明，內在的力量比我想像的還強大，每次躺在地上耍賴，崩潰抒發完後，我就能擦擦眼淚，乖乖站起來，繼續奮戰下去。

我想很大一部分的力量，來自我學會了如何轉化。能夠清明覺察、自我對話，知道這些都是過程，再將這過程具象成文字，讓領悟不只在我身上。於是發生再不喜歡的事，我都不至於墜落，永遠可以因這份釐清的渴望、分享的天性，重新爬起來，站得好好的。

J在分手後會與一位朋友G聊我們的事，J不明白為什麼我做了這些選擇，G告訴他：「彥菁可能正在經歷一位創作者必經的路程吧。」J轉述給我時，我深受感動，覺得被理解與撫慰了。

我知道留在與J的關係裡，是最舒服安全的生活；我知道不要喜歡上有伴侶的人，是最道德的選擇；我知道不去探索黑暗，永遠留在光明的一邊，是最輕鬆的人生。但我會因此看不見世界的多樣面向，看不見眞實的自我。

當某一些的「我」從心底湧動，我無法不去回應，不去順著他的指引，看看他要帶我去哪裡。

我始終相信，文字創作的可貴來自誠實，只有當你願意觸碰多數人不敢面對的議題，大家才能一起看見什麼。即使那會引起很多的不舒適與反彈，即使人們會發現我有太多缺陷，我都想讓大家知道，這樣的生命面向，真實存在，在黑與白之間，有一萬種灰。

知道即使生命給我一團渣，我都能鋪成一張紙，寫下我的故事——這就是此生最堅定的底氣，令人心安。

# 誤闖區塊鏈宇宙

決心出國念書，我眼前的任務有存錢與考試。透過朋友的介紹，幸運接下一個寵物頻道的內容製作專案，我爲新的一年設定了三個目標：工作賺錢、念書考試、撰寫新書。

信心滿滿準備專注，沒想到開工前卻收到專案取消通知，我瞬間失業。趕緊在臉書發出「徵工啓事」，歡迎朋友丟工作給我。許久沒聯絡的大學同學出現，捎來意想不到的工作邀請：以太坊臺北開發者大會專案經理（PM）。他們九位區塊鏈從業人員，想擔任發起者，志願舉辦活動，但平時大家的正職工作都忙碌，需要一位 PM 協助。

說實在我對於區塊鏈完全零研究，只模模糊糊知道概念，而且此前沒有獨立擔任過大活動的 PM，這份工作完全是全新宇宙。不過我這人是越怕什麼，越會往那裡去，分手後又更豁出去，加上前一年重回職場，發現自己的能力提升了，於是就算什麼都不懂，也硬著頭皮接下。

入隊之後，距離活動只剩下兩個月，實在非常趕，我趕緊做了幾件事：

1. 盤整現況：把現有的資料全部重整，開立資料夾歸檔，並且依重要性排序。再運用表單管理，讓整體現狀一目了然。

2. 制定規格：包含時間、場地、預算、講者人數、贊助目標等，畫出框框，讓團隊知道要怎麼填空。業界講者與贊助廠商，我一個都不認識，我就制定出公版邀請內容，由夥伴洽談，我再接手贊助執行細節。

3. 同步節奏：重新確立大家的分工，召開週會，每週追一次進度，確認訊息都有同步。未跟上進度的項目，持續跟進，追殺到底。

4. 尋找夥伴：活動執行交給專業的外包廠商，我負責整合需求，確認進度，做雙邊溝通。

期間我再努力補足區塊鏈知識，比如最基本的defi、zk、roll-up、Layer2，雖然依舊是一知半解，但至少有了一點點概念。

不過在專案第三週，我碰到幾個挑戰：

1. 發現九位發起人對於同樣的資訊會重複提問，好像就算一直提醒，彼此的認知還是不一致。比如前一天開會已決議的事，隔天又有人問起。

2. 會想直接繞過我，與外部廠商的溝通，甚至已經自行簽約了，也沒有同步告知我最新狀態。

我因為與大家不熟悉，甚至沒實體見過面，信任的基礎很薄弱，不禁懷疑大家是否不相信我，並不想要把專案交給我？人一旦沒有安全感，就會興起無意識的防禦機制，我開始變得很囉唆，覺得可能是我的話講得不夠清楚，大家才會重複提問。不過這樣的囉唆沒有幫助團隊凝聚，我反而有一種，自己在情緒勒索大家的挫敗。

過去的身心靈覺察，讓我發現自己陷入了這樣的負面狀態，於是快快做出調整。

1. 先照顧好自己，不在看到訊息的第一秒就急著回應，而是放下手機，趕快去上瑜伽課，讓心情在墊上沉澱下來。
2. 接著，我跟邀請我加入團隊的大學同學聊這件事，說我需要他的支持與協助。他立刻相挺，說他會幫助我跟團隊做溝通：「將在外，君命有所不受。支持我們在現場作戰的將軍！」

3. 後來我觀察他與大家溝通的模式，其實訊息很簡單：「這個前天開會已經討論過，今年不操作這個項目，我們先把心力放在贊助跟講者吧！」輕輕地提醒，不需要帶有太多的其他說明。

我也重新去理解九位發起人的狀態：大家平常都有正職工作，是在非常忙碌的狀態下，擠出時間來做這件事，沒有太多的專注力，是很正常的事。而直接跟廠商溝通，也是不希望全部事情都麻煩我，其實是一份貼心。

並不是他們不願信任我，是我自己想得太遠，把他人想得很壞，內在的心魔跑出來狂舞。

明瞭了這件事，我重新抓到與大家溝通的方式，終於漸漸找到與大家一起工作的默契，甚至還能開玩笑、罵髒話，直來直往，毫無負擔。就這樣一步一步把活動內容搭建起來，最後我們真的成功舉辦了五天的活動，邀請到超過千位的海內外講者與參與者。

有位女孩跑來跟我說，謝謝你們舉辦這樣的活動，讓她一個初學者能夠在短短五天內，認識好多開發者，跟他們從頭開始學習，漸漸在腦袋裡建構出對區塊鏈的認識。許多從美國、日本、韓國、新加坡、印度來的開發者，也第一次到臺灣，感受到臺灣社群的豐沛能量，說好喜歡臺灣。

兩個月過去，我好像到月球出了一趟任務，朋友都說：「妳承接的工作範圍也太廣。」我也從沒想過會與區塊鏈產生關係。

這次工作經驗，讓我對自己生出更多信心，只要願意敞開，擁抱各種境遇，沒有什麼不可能，「我其實可以飛得又高又遠啊，只要我不對自己設限。」

# 每一份喜歡，都是通往自己的地圖

「忘了跟妳說，妳這幾天都在發光喔，爲妳開心。」這場區塊鏈活動，我找了J來做影像記錄，活動結束後，他傳了這段訊息給我。

以前J跟我說過，當某些人很喜愛自己在做的事時，他會看見他們身上發出了光。那時的我，三不五時就纏著J問：「我現在有發光嗎？」「我剛剛演講時有發光嗎？」好像這是某一種肯定與認證。

沒想到當年我很執著的事，直到我已不在意，甚至早就忘記，卻自然而然就達到了。

J知道我已經很久沒有挑戰一件新事物、認識一群新夥伴。「就像妳之前

說，妳這輩子都會爲我有新成就而替我開心，我也是同樣的心情。」他說

J的改變，我也能看見，這次的工作合作他不會拖延，提早溝通、準時交件，「我有很努力學習面對，不再逃避。」

朋友曾經問我，會不會在夜深人靜的時刻，後悔與J分手？我說完全不會，這是完全正確的決定，我們已經依賴對方太久，有些不願面對的習性，因爲有彼此幫忙扛著，就失去改變的動力。

比如從前的我，期待J能夠空出更多時間，跟我一起出門旅行，但他的工作太繁忙，我就把想去的地方收進抽屜，越積越多，卻不曾行動。或者是，J有幾次海外拍攝的工作機會，跑到了俄羅斯、尼泊爾、印尼，我就會眼巴巴地羨慕，覺得自己眞是無能的廢物。

可是分開後，沒有辦法再期待他人替我實現夢想，我想看的風景，必須自己出發與抵達。

我找到了一間在土耳其的敘利亞難民學校，主動與組織洽談，飛到當地進行採訪工作。柬埔寨當地友人結婚，我就揪一團朋友同行，重拾當年擔任國際志工領隊的技能。區塊鏈活動後，也收到海外團隊的工作邀約，我的世界突然變得很大。

我像是爬上了一座山頂，往回看見原本的我，其實有份自卑，覺得自己所擁有的文字技能，無法跨越國界，無法提升價值，卻忘了身後有一箱寶藏，我能做的很多。

朋友H跟我說：「我覺得妳很優秀啊！無論妳想做什麼，只要妳開心，一定都可以做得很好，我相信。」我才發現自己確實有「冒牌者症候群」，永遠覺得自己不夠好，不夠資格擁有新的機會。

當人認爲自身沒有的，就會向外投射，對外尋找，以爲跟這樣的對象在一起，就自動擁有了那份想要的東西。

我一直清楚記得，我喜歡上K的一個時刻是，他跟我說以前在離島當替代役時，每天騎著機車上山下海的故事，我彷彿能聞到海水的味道，感受吹過臉上的風。我在他身上看見嚮往已久的自由。

而這份自由，其實也是當初J讓我心動的原因，他自己創業，想做什麼就去做，總能勇敢嘗試全新領域。

我被觸動的原因一直都沒有變，我甚至想過，如果今天我是先與K交往了六年，再認識J的話，搞不好我也會轉而喜歡上J，因爲背後的心理機制是——我以爲我跟這個人在一起，我就會變成獨立自由的樣子，但是怎麼沒有？一定是這個人不夠對，下一個人會更好！

也就是說，是我自己沒有變成渴望的樣子，才不斷地把期望與失落，都投射到別人身上。要超越這樣的輪迴，超越我對他們的喜歡，唯一的方法是，我長出自己想要的特質，我帶自己去旅行，我帶自己勇敢。

每一份喜歡，其實都是通往自己的地圖，我們喜歡上的某些特質，其實都代表那個「潛在的我」是存在心底的，他被勾動、召喚，蠢蠢欲動，等著你把他好好活出來。

回想過往我喜歡的每個男孩，對我來說都擁有「騎士」特質，充滿卽刻行動的實踐力、能享受自我的獨處力。而另一位容易委屈自我的朋友，說她總會喜歡上「貴族型」男孩，能夠優先把自己照顧好，隨時都從容不迫的優雅。

某堂催眠課，老師提到每個人的生命都有四種原型：愛人、戰士、國王、巫師，分別代表溫柔、捍衛、秩序與玩耍。我最弱的正是巫師能量，從小因爲家庭因素比較早熟，不會放心地玩。但把身上包袱一一卸除後，我感覺內心那野到不行的孩子，正要出閘放風。

我常想起蔡依林唱的〈倒帶〉：「我受夠了等待，你所謂的安排，說的未來到底多久才來。」不過那個「你」，不是別人，正是我自己，我受夠了對自己的辜負與等待，我不能再延遲每一件想做的事。

不期待誰來拯救，公主本人就是騎士，即刻要出發。

# 老鼠滾輪

我一直覺得，親密關係是性別運動重要的戰場。但不爲征服誰，只爲超越自己。

戀愛中的男女，赤手空拳，帶著「男生應該怎樣」、「女生應該怎樣」的原始想像，彼此過招、刀光劍影，才一步步發現「男生原來怎樣」、「女生原來怎樣」，還有「我原來怎樣」。

我看見自己深植的依賴性，平時大力鼓吹女性獨立，但在感情裡，還是期待對方能幫我負擔那些我不想做的事；又或是內心缺乏安全感，一直想從他人身上尋找。

這根埋藏得很深，是從小到大就不斷吸收的公主故事、偶像劇情節，我認同了愛情對女人是最重要的，妳只要找到一個對的人，妳此生的煩惱就會消失無蹤，從此過上幸福快樂的日子。

長大後的我，能用理智的腦袋，批判這種觀念的陳舊與不切實際，但眞的進入到愛情關係裡，還是會不自覺把浪漫情節，套用在自己身上，覺得我是脆弱的，需要一個強大有力的保護。

這個「慕強」心態，一路從愛情延伸，蔓延在我整個人生。

一位總在我迷惘時，給我明亮指引的前輩P，在聽了我想出國讀書後，輕輕提醒我：「如果有一個巨大渴望或衝動興起時，我們都要去注意，是不是有某種重複的模式出現，最後又帶妳走向相似的輪迴。」

我聽得模模糊糊，似懂非懂，但心裡好像也同意，他點出了一些什麼。

直到我辦了區塊鏈活動，長出更多力量，主動開展海外工作機會，突然之間發現：「我不需要出國讀書了，用工作的方式旅居各國，好像才是更想要的生活模式。」

以前的我，因爲覺得自己沒有能力，只能以讀書的方式到國外，認定眼前就只有這一條路。但隨著十年過去，我超越了原本的限制，外在環境也變得不同了，我卻還抓著當年的夢，認爲只有這一種方式。

順著這條思路往下挖掘，我明白了P的提醒，在我身上的體現就是：「我一直在找一個更強的伴侶，如同我以爲世上有一個更好的遠方，只要我到達了，我就會變成想要的樣子。」換言之，我一直覺得自己不夠，環境不好，想透過外在的替換，成為心中最強的存在。

當我的著作賣不好，我就想加入一家光鮮亮麗的公司，企圖獲得漂亮頭銜；當我覺得伴侶不適合，看見喜歡的對象，我就想依附到另一個人身上；最後，當工作、伴侶都落空，沒有事物可以再讓我依賴，我就想換環境，以爲到了遠方，我就能自動收穫全新的自己。

這個內在機制，一直主導著我的人生，如同老鼠跑在滾輪上卻不自知，每次奮力奔跑，每次還是回到原點，因爲我始終想偷懶、想依附、想逃避。

發現這件事的當下，我對自己充滿震驚，女性主義喊了這麼久，目光焦點只落在外在的權益爭取，卻忘記內在也要長力量，主動從弱勢的劇本裡掙脫，爲自己人生負起全責。所以親密關係、私人領域，也是性別運動重要的戰場，你會在裡頭看見眞實的怠惰，需要除魅的慣性。

這個練習不是要從誰身上奪回自主權，而是認知它一直在你身上，只是你忘記了，也不習慣承擔，不太常揮動翅膀。

說來眞的很神奇，當我又再次打破自己的框架與濾鏡，再次看待我對海外的嚮往，它們再也不是我難以企及，所以投注許多幻想的所在，而是「那就是地球上的一個地方，我人生中的一種選擇」。原先認爲一定要怎麼樣，那份重重的執著，煙消雲散。

突然之間我不需要過得像苦行僧來存錢、讀書生活，我的存款若要出國讀書，是遠遠不夠，但如果只想體驗不同國家的生活，自由來去，沒有目的性，這份錢變得足夠運用。我大大鬆了一口氣，原本的壓力，都是我施加給自己的。

所以世界啊，一直都不是客觀的，它不是一種現實，它是你如何看待的詮釋，隨著你的想法一直在轉變，所有卡關的，都是卡在心裡。

只要我們可以看見卡住的心理狀態，超越舊有的思考，就能逃脫自己設下的牢籠。

# 渣的千絲萬縷

我找了一個機會，重新與K對話。

前些日子我擅自把他烙上「渣男」標籤然後蓋牌，顯然不太公平。我一直都知道，但當時太失落了，甚至有些羞愧，無法面對那樣的自己，只好把負面感受怪罪到他身上。

仔細想想，是我決定把那顆球撿起來丟回去，是我主動約他出門，是我先越過了線與他告白，裡頭全是我的自由意志與行動，失敗了就怪對方渣，是在逃避我該負的責任。

把責任丟掉的同時，也在丟失自己的力量，好像我就是被辜負的，我注定是被動的，表示在潛意識裡，我不認爲自己是獨立平等的。

我誠實告訴K：「那時候我眞的很氣，覺得你沒有要跟我交往，又說那些喜歡我，想抱我的話，到底是什麼意思。」「然後我就聽了幾天的渣男歌單，發洩對你的不滿！」

K從不畏懼接我的球，告訴我當時他也掙扎很久，要不要跟我說那些話：「我知道我有女友，不該講這些話。但我有沒有產生那些心情呢？有的。那講跟不講的差別在哪裡？」

「我當時想，妳可能有很多複雜的心情，我不希望讓妳覺得是獨自在承受，我也有惆悵與掙扎，我想讓妳知道妳不是自己一個人。」

收到K的這些話，我原本澎湃如火山的喜歡，慢慢下沉到了海底，像《鐵達尼號》的海洋之星，深深落在大海裡。喜歡變成了一種深沉的信任。

知道這個人的心思跟我一樣細膩、複雜，像是一座彈珠臺，經過層層關卡，才咚咚落定思緒。想盡辦法用自己的方式，讓每個人受到最小的傷害，儘管有無法顧及的地方，但心意仍是眞誠的。

「太好了，我沒有喜歡錯人。」我這麼想。

我感謝他讓我知道當時的想法，也跟他說我非常能理解，並支持他做的做法。如果他眞的因此分手，我其實是承受不住這份罪惡感的，他的選擇是完全正確的。「但我也要承認，心裡還是會有不爽的情緒，這是無法避免的事。」

「啊！這個就是我沒思考清楚的地方了。」

「沒想到我們能把話說得這麼開。」

我喜歡每次與K對話的過程，或許因爲我們沒有在一段關係裡，沒有該如何互動的框架，甚至也不擁有對方，不害怕失去，所以話語才能如此眞實，走到最深。

那天晚上，我感覺法喜充滿，一場眞誠的對話能帶來平靜、昇華，覺得又跨越了什麼，而不是多了一個必須繞過、避開的人，可以繼續活得坦蕩自然。

如同沒有後悔分手一樣，我沒有後悔過喜歡上K，這場相遇依然重要。沒有在一起，依然有意義。

我在心裡頭，把渣的標籤從他身上撕掉了。或許對某些人來說，他依舊觸碰到了渣的邊界，但是每種關係的互動，從來不是一張標籤就能定義，而我自己何嘗不也是渣呢？

就算眞的是渣好了，裡頭也有著千絲萬縷。

# 賽姬與邱比特

人類常常有這種經驗，在歷經了感情的高低起伏後，會突然聽懂了某首情歌的歌詞、理解電影主角的心情、明白以前朋友曾說過的苦痛。

我也在走過這段歷程後，偶遇神話故事《邱比特與賽姬》，發現在我身上發生的事，早在千年前早有預言。

邱比特是人人皆知的愛神，只要被他的箭射中，人們就會立刻陷入熱戀，然而人們鮮少知道的是，邱比特自己也有愛人——那是一位名為賽姬（Psyche）的女子。

賽姬是平凡人類，因擁有絕世美貌遭到維納斯嫉妒，她命令兒子邱比特去懲罰賽姬，讓她愛上最醜最糟糕的男人。但邱比特卻沒有照做，偷偷把賽姬藏起來，成爲他的祕密情人。

賽姬從沒看過邱比特的眞面目，不知道他是誰，但一日在好奇心的驅動下，她違反與邱比特的約定，將油燈照在他臉上，赫然發現枕邊人原來就是愛神。邱比特被油燈燙醒，發現賽姬竟然背叛他，憤而離她遠去。

已深深愛上邱比特的賽姬，在傷心之餘，決定踏上把愛人尋回的旅程。她跑去找維納斯，維納斯故意刁難她，給出了四個困難的挑戰。

原本毫無能力的賽姬，因爲愛而生出勇氣，並且在各種朋友的幫助下，成功達成了任務。一直在天上看著賽姬的邱比特，也因她的改變受到感動，在最後關頭幫助了她。最終賽姬的成長與兩人的合作，打動了天界，宙斯允許他們結婚，並將賽姬從一位平凡的人類，升格成了天神。

心理學家艾瑞旭諾伊曼（Erich Neumann），將這段故事定位爲「陰性心靈的發展」，賽姬的成長，正是展現了新世代的女性樣貌。

在常見的陽性英雄故事裡，時常是以洋溢英雄情操的屠殺開始，講述主角如何一路過關斬將，征服世界；賽姬的故事卻是以「分離」爲出發，而且是她親自造成的分離。她的出發不是爲了征戰，而是「修復」關係，在這段修復裡，也包含了她自身的成長與轉變。

維納斯給予的挑戰難題，都是在鍛鍊賽姬靈魂中的陽性面，讓她學會辨識與篩選、耐心等待事物的改變、學習與陽性力量建立良性的接觸，而無損她原有的陰性特質。

「透過邱比特，透過她對他的愛，賽姬發展的方向不只是朝向他，而且是朝向她自己。」她每完成一項任務，就變得更有自信，最終擁有匹配邱比特的神性與神威。她長出了自己的翅膀。

我感覺自己就像賽姬，而J與K都是我的邱比特，當我偶然瞥見他們身上的陽性特質，喚醒我內在的渴望，遂湧出了成長的動力。

他們的離開是必須的，我必須要獨自一人走這個歷程，才能不抱有期待與依賴，鍛鍊自己的陽性面向——想去的地方、想做的事、想擁有的體驗，我帶自己達到，而不再是被動等待，或用愛情來交換。

諾伊曼在書裡頭說：「有意識的愛情現象，比死亡更堅強。」恰恰就是我所感受到的。無論是深愛又失去，或是愛上卻不可得，因爲愛著一個人，而打從心底迸發的生命力，都堅強無比。

在另一位心理學家茉琳．莫德克（Maureen Murdock）的《女英雄的旅程》裡，我再次看見同樣的指引：她說陷在「浪漫愛情」迷思中的女性，總在尋找一個可以解決她所有問題的父親／情人／救世主，因而讓自己時時處於期盼的狀態。

但是「女英雄必須拿出勇氣，去打破自己硬加在伴侶頭上的神力光環，並且必須下定決心爲自己的生命承擔起所有責任。她必須自行做出困難的選擇，並藉著自己的努力換取獨立和自主。」

「一旦女人能被說服或說服自己，不再相信她只能從愛人手中獲得自我實現，她就能找到一個與她平等匹配的伴侶，因而享有眞實的愛情。」

把期盼的心思與時間，全化爲自主的行動，無論最終我們是否收穫一位伴侶，女英雄們都可以是賽姬，終成自己的女神。

# 給邱比特

時隔一年，我又回到諮商老師L的房間，跟她聊這天翻地覆的一年。

去年就是在這裡，挖出想到海外讀書的夢想，結果我又突破這份執著，覺得不必以這個形式到國外了，我可以更自由。

「哇！妳太棒了，我以前就感覺妳對『成功』有個既定想像，會去追求看起來很厲害的東西。妳能夠自己發現，並且放下，眞的很棒！」

我們又聊起感情的變化。說著說著，老師突然盯著我的眼睛，非常認眞地說：「彥菁，我在妳身上看到一個愛情夢耶，妳要去實踐。」

「不要因爲看見父母的婚姻狀態，就覺得自己不可能幸福。」

被話語直直戳中，我一秒落淚。

我都沒意識到，我可能有愛情 PTSD，從小見證父母的爭吵與割裂，讓人對愛恐懼，卻又同時渴望，極端矛盾。我的表意識希望遇到喜歡的人，但在潛意識裡，我會創造一個情境，讓我們無法在一起，這樣才讓我覺得安全。

「妳媽媽一定也希望妳可以幸福。」老師總是能直擊我心中的軟肋。

我曾經與媽媽聊過，如果有天我想結婚，她會怎麼想？以爲她會超反對婚姻，沒想到她說：「如果有遇到一個很好的人，當然很好呀。只是我自己剛好沒有遇到而已，但相信世上還是有好人的。」

原來媽媽的態度中性，反而是我走了極端。仔細想想，這背後或許也有想「效忠」的心理，想要跟媽媽站在同一邊，因爲她的婚姻不幸福，所以我也不敢讓自己太幸福。小孩跟隨父母的方式，有時就是這麼單純。

然而這樣的「倖存者罪惡感」正阻擋了我自己，既然我可以不必再以這種方式表達對母親的愛，就可以像賽姬一樣，勇敢踏上愛的征途。

好，那我們就在此公開招親，對邱比特（們）喊話，歡迎勇者到來吧！

親愛的邱比特，我想你會是走過地獄，或明白世界上有黑暗的人。經歷過靈魂的暗夜，在裡頭有對自己最深層的看見，可以承受孤寂、迷茫、混亂、苦痛，知道一切的打磨都爲了讓你更清明、光亮。

這份敢於潛入黑暗的勇氣，將帶你更加理解他人的苦難，長出一顆柔軟的心。因而我們雖是不同的經歷，但細究底層的本質時，我們會對彼此生出敬重與相知，知道我們正是相似的靈魂，所以有聊不完的話。

你不需要非常陽剛，汲營追求大衆眼中的「眞男人」樣貌，擁抱內在脆弱、陰柔，對我來說反而更加有吸引力。當你接納自己的陰性面向，我才會相信這樣的你，能夠欣賞我擁有的強大陰性之美，能與自己的陰陽融合的人，必定能與他人好好交合。

我很喜歡到處走走，去看宇宙裡的一萬種生活，我可以自行出發，但有個地方想要和你一起去。

擁有最療癒笑容的短尾袋鼠（Quokka），生活在西澳海岸，伯斯附近的小島上，我每次看到牠的照片都會被融化。這麼可愛的小東西，我想要和心愛的人一起看，我想要共享那份情緒，我期待這份回憶有你。

看到這裡你應該也會發現，身爲作家的伴侶，會有故事被寫下的可能。這些書寫不是爲了揭露隱私、尋求評斷，而是因爲我相信，這些故事帶著人類共通性，透過文字的反照，有機會帶給人們陪伴與引路。這是我這輩子的使命，希望你能支持。

就像J與K，當我提到想把我們的故事寫下來時，他們都二話不說答應了，甚至連「那要給我先看過」的但書都不曾立下。我想是他們明白，我們經歷的事或許能帶來一些什麼，也信任我能夠好好掌握與處理，會以最大的努力保護故事中的人們。

最後，你不必給我一輩子的承諾，我也不想以「永遠」給彼此束縛。未來是我們不可控制的，我們只能珍惜當下的每一天。

但是與你在一起的每一天，我都會全心投入，你會體驗到靈魂被包覆的溫暖，同時也可能感覺自己太過赤裸，我就是要這麼大膽無畏的情感，相信你也會有這樣的膽識。

生命這麼長，又那麼短，能夠輕輕陪彼此走過一段，已足夠幸運。當你降臨的時候，我們將相視而笑，然後說：「走吧，下一段旅程要開始了。」

# 輯五

# 留下印記的血色

有一道血，不只從陰道流出，
這段經歷從我的口流出，
我刻意選擇讓它永恆印在書頁上，
願它能讓我們都記得一些什麼……

# 城內的風景

在第一篇〈你臉上有個浮水印〉裡提過，我有兩位好閨蜜Z與M，不婚的我曾擔心她們兩人各自步入家庭後，我會落單。沒想到M眞的就在這一年，結婚生子了。

M與十五年前的高中同學重逢，決定互託終身，買車、買房、辦婚禮、生孩子，一路風風火火，在一年內全部完成。快到我的腦袋來不及消化，就算一路聽著她更新進度，仍覺得太不眞實。

第一次去她的新家，看著她手上抱著小嬰兒，我忍不住開玩笑：「快說！這是妳剛剛才去借來的道具吧！妳怎麼可能生下了這個小孩！」M在我心中永遠是少女呀，怎麼轉眼間成了媽媽？

M跟我們分享了不會懷孕的人不會知道的事，比如產檢包含：超音波檢查、貧血檢查、梅毒血清檢查、乙型鏈球菌篩檢、妊娠糖尿病篩檢、唐氏症篩檢等。除了常常需要被抽血，做妊娠糖尿病篩檢時，還要喝下一大杯高濃度葡萄糖水。

生產時的痛，也讓平時很能忍耐的M，超出了承受範圍：「這會讓我認眞考慮，是不是不要生第二胎了。」

M申請了留職停薪，專心在家帶孩子，「她的成長速度超乎我的想像，每一天都在變化著，我不想錯過任何時刻。」雖然照顧寶寶眞的很辛苦，她常常連上廁所的時間都沒有，只要離開視線範圍一下子，寶寶就會焦慮大哭。「但能夠陪伴一個小生命長大，眞的是一個奇蹟！」

從前的M是我們三人之中，最冷靜理性的一位，時常是我跟Z看電影看到哭，M卻滿頭問號說：「哇！妳們眞的好感性喔！」但現在的她，看到新聞裡的孩子受了傷，都會感到心酸酸的，有時忍不住落淚。孩子成了她心中的軟肋，她長出了脆弱，純眞少女藉此更體會了生命。

M的寶寶也成爲我們的新「團寵」，從前都是我在群組分享狗狗襪子的照片，與J分開後，我少了與襪子相處的機會，剛好M的寶寶照，成爲姨姨們的新療癒。她肥嫩的小腿庫，與可愛燦爛的笑容，時常把我給融化，原本不特別喜歡小孩的我，都被她澈底征服，偷偷存下幾張照片。

看著M從零打造起來的家，廚房爐臺上還有老公出門前煮好的雞湯，生活滿是甜蜜。我偷偷問她，妳跟老公會吵架嗎？「當然會啊，我昨天晚上才在念他，我好不容易把小孩哄睡了，結果他打電動太大聲，差點把小孩吵醒！」

哎呀！這才是婚育生活的眞實面貌啊，有著美好的時刻，也會有不爽的片段，任何一種選擇的滋味，都是五味雜陳的，每個人各自感受著。

想起一年前在M的婚禮上，我獻上祝福時說了：「如果以後你們偶爾碰到了低潮、不開心，那都是很正常的，萬一碰到那樣的時刻，請你們回想起今天。「今天的天氣很好，你們很美、很帥，所有親友們聚集在這裡，給你們最大祝福。我們會一直看顧著你們，需要幫忙時請不用客氣，隨時跟我們說，你們有我們最深最深的愛。

「剛剛我在紅包袋上寫下的祝福，不是百年好合，而是百年『和好』，希望不管經歷什麼，你們都能記得此刻的初衷，選擇彼此的理由，一直相伴走下去。」

錢鍾書曾這麼形容：「婚姻是被圍困的城堡，城外的人想衝進去，城裡的人想逃出來。」謝謝M帶我看見了城內的風景，不管哪一條路，沿途的景致都只有真正踏上的人可以明白。

但無論婚生與否，無論在世界的哪個角落，如果能夠是，我分享我這邊的風景，你告訴我那一頭的天氣，世界兩端的邊緣，也能有彼此連結的可能。那到底誰在城裡，哪裡是牆外，就都無關緊要了。

# 女子水電課

女人的聚會，常會開啓不可思議的創造。

我與友人每年固定會來場春酒，其中幾人剛好最近搬家、裝潢，聊到：「我很想學會用電鑽耶，一些簡單的家具組裝、鑽洞就可以自己來了。」「我也是，一直都很想知道怎麼換插座，這種小事如果找水電工來，都要等很久。」

上網搜尋了一下，幾乎很少居家修繕的水電課，而且就算有，我們也不敢去上：「很擔心自己聽不懂，又不敢舉手發問，怕被認爲很笨。」我們都有與水電師傅打交道的經驗，通常多問幾個問題，對方就顯得不耐煩，讓人退縮。

「不然我們就自己來揪團開課啊！女生限定的水電課！」冒出這個點子，

我心中興奮不已，在場友人紛紛響應加一。我回家寫下課程需求，參考了其他課程架構，列出我們期待學習的項目，在限時動態許願，請大家幫忙介紹水電老師，不到一個小時，朋友就介紹她正從事水電工作的大學同學。

很快跟老師接上線，跟他討論了課程需求，他雖然沒有過教學經驗，但是很願意嘗試，也對於一群女性想學水電這件事，感到新奇有趣。老師與我們年紀相仿，而且外型帥氣，身材高壯，我跟姐妹們說，就算聽不懂也沒關係，保證你還是會認眞盯著老師！

水電課就這麼成行，老師帶了三大箱的「給西」和一座A字梯，工具與零件擺滿了桌子，全是我們好像有看過，但又叫不出名字的東西。老虎鉗、鯉魚鉗、一字起子……，三角凡爾、高壓軟管、止瀉帶……，工具越來越多，開始超出理解範圍，我全程皺著眉頭，偷看旁邊的人，她們臉上也露出困惑表情，讓我頓時心安不少。

我們開始一個個提出「笨問題」：這個東西到底是用來做什麼的？爲什麼我需要知道這個？老師剛剛說的「牙口」是指什麼？螺栓、螺母又是什麼？

如果是在外面上課，我們肯定只敢默默吞下這些疑惑，但當旁邊同學就是你的朋友，你終於不怕被笑，敢顯露出真正的困惑了。

自主開辦「女子水電課」，就是想創造一個讓大家安心學習的環境，不用怕問出的問題很笨，因爲我們眞的都不知道，全部一起從零開始。幸運的是，老師也沒有露出「妳連這個都不會？」的態度，而是「喔喔，原來妳們不會這個。」然後耐心解釋給我們聽。

下課回家後，我開始觀察家裡的結構，哪裡有插座？插座有沒有凹進去或需要換新？用了什麼燈管？三角凡爾在哪裡？總開關的配電長什麼樣子？原來一個空間是由這些事物組成，水與電不是理所當然的存在。

廁所的馬桶蓋已經鬆脫了半年，我每回上廁所都要喬回來，這次終於自己動手拆了，成功拆下的那一刻，很想跟馬桶蓋來張合影！（雖然拆下後就不知道怎麼裝回去，最後還是找了老師來救火。）

朋友的辦公室想換插座跟安裝電鈴，也找了我去幫忙。上課看老師操作是一回事，實際拿起老虎鉗、電鑽，才知道原來是這種感覺。光是剝一小段電線，我就弄了十分鐘，還無法拿捏力道，一直不小心剪斷，用電鑽時，也差點戳爛朋友的手指，一直叫他離我遠一點。

光是這兩個小東西，就花了我們快兩小時，但是當開關成功通電、電鈴眞的啓動的那一刻，還是覺得好開心，好有成就感！眞是做夢都沒想到，我會有拿起老虎鉗，在這裡纏電線的一天。

後來又有好多朋友敲碗課程，我們一路開了五個班，超過五十位女生開始懂基礎水電，每個人回家都躍躍欲試。還有人將爸爸遺留下的電鑽拿出來用：「我終於知道他以前爲什麼喜歡 DIY 了。」

以往水電都是非常陽剛的領域，幾乎是男性獨占事業，但其實女性也渴望擁有自主能力，只是這個世界「以爲」我們不想要。

既然這個世界還沒有，我們就自己創造，從已知用火，到已知用水電，我們想要的東西，行動起來就能擁有。

# 每天爲你們祈禱

我終於出發了，渴望已久的旅程。以前一直等待天上掉機會的我，主動找到了慈濟基金會在土耳其設立的敍利亞難民學校，向他們提案了採訪合作計畫，爭取到前往當地的機會。

那天搭乘的機型是波音 787 夢幻客機，從前對機械領域不太感興趣的我，因爲水電課啓動了開關，上網查了飛機的資料，獲得很多新穎的知識。就像從 480P，躍升到了 4K 的解析度，發現這世界的許多細節很有趣，只是過去被自己的意識屏蔽，完全看不到。

經過十二小時的飛行，抵達首都伊斯坦堡。慈濟於二〇一五年在這裡成立了「滿納海國際學校」，專門提供給敘利亞難民教育，滿納海在阿拉伯語裡的意思是「沙漠中的綠洲」。

學校外觀與一般想像很不一樣，是一棟六層樓的商辦大樓，他們租下做學校，有超過五千位孩子在這裡學習。這些難民家庭，都是二〇一一年後陸續從敘利亞逃出，爲了保命，流亡異鄉，有人花了一大錢坐偷渡船，有人是挖地道過來的。

不過與我以爲的難民很不一樣，孩子們都充滿活力，聰明又可愛。有一群國小到高中的學生，已經跟著臺灣的志工老師學了一陣子的中文，看到我們都忍不住大喊：「你好！你今天好嗎？」「你叫什麼名字？」「我十二歲，我是敘利亞人！」「很高興認識你！」

其中一位有著一頭捲髮的男生，讓人一眼就看到，因爲他的身高有一九二公分，在人群裡很突出。「我是Hak，我會在接下來幾天當志工協助大家。」

這位年僅十九歲的男孩，在接下來的一個禮拜，跟我建立起了很棒的友誼。

爲了確保我的安全，貼心的 Hak 每天都陪我從學校走回旅館，我們利用這十分鐘的路程，聊了很多彼此的故事。

「不好意思，可以問一下你多高嗎？」第一天回家的路上，他小心翼翼問我這個問題。我眞是太嬌小了，跟他相差了四十公分。

「請問你可以分我一些身高嗎？你好像有很多耶！」我假裝生氣地說。事實上，兩隻腿跟筷子一樣長的他，曾經被炸彈炸到失去過雙腿，就在他十歲的那一年。

二〇一四年一月一日，一個本該慶祝新年的日子，Hak 跟朋友在空地上玩，天空突然響起飛機飛過的聲音，下一秒，炸彈掉了下來，炸斷他的雙腿。

他失去意識，媽媽緊急抱著他和他的雙腿，衝向醫院，進行了超過九小時的手術。

「他們將我的腿清創，再植入鋼釘，把腿固定回去。」他再次醒來已是十二小時後，十歲的孩子不懂到底發生了什麼事，只知道眞的好痛好痛。

第一次手術後，家人知道不能再留在敍利亞，輾轉來到了土耳其，他也在土耳其進行了超過二十次手術，不斷清創傷口。

鋼釘總共在他腿裡一年的時間，拆除後他努力每天復健，重新學著走路。「還好當時的我很年輕，恢復力很快。」經過一年的努力，他終於可以正常走路，還喜歡打籃球，並在十七歲那年突然抽高三十公分，成爲家中最高的成員。

「你被炸斷過腿，還可以長這麼高？」「或許就是因爲這樣，我才長高的！」我們開玩笑地說。

一天傍晚，我來到他的家裡用餐，就在一棟公寓的二樓，一樓是成衣工廠。在伊斯坦堡蘇加丹濟市，有許多這樣的製鞋與成衣工廠，員工多是敍利亞難民，甚至是孩童。

Hak的媽媽坐在一旁，靜靜陪著我們。他聊到雖然腿傷已是將近十年前的事，但仍時不時夢到被炸傷的那一天。「我沒有讓我媽媽知道，我到現在都還會做惡夢，因爲我不想讓他們擔心，我假裝我都不記得了。」媽媽聽不懂英文，但知道我們在聊腿傷的事，露出了傷心的神情。

「她一定很自責，覺得是自己沒有保護好你。」「對，但她已經竭盡所能，把所有可以給我的都給了！」

在他家聊到一半，Hak指著我的椅子下方說：「這是我養的貓，牠叫『蜜糖』。」一隻橘白色的長毛貓，窩在椅子下舔毛。

這原本是他朋友養的貓，但朋友因爲某些原因無法再養，Hak就接養了牠，這兩天才來到家裡。「蜜糖～蜜糖～」Hak呼喚貓咪，但貓咪完全不甩他，顯然他們還需要再培養默契。

「你知道這隻貓有護照嗎！」他說的應該是正式的血統證明，但我還是回說：「什麼？貓有護照，但是你沒有？」我們兩人大笑出來。

來到土耳其的難民，僅有臨時的居留證，沒有正式國籍，所以也無法辦理護照，自由去到任何地方。除非你是專業人才，例如老師、醫生等，才有機會申請到土耳其公民身分。

「那你只好偷偷用貓咪的護照了。」「嗯對，牠在護照上的名字是 Mia，那我只好改名叫 Mia。」

我們喝著紅茶，他偷偷跟我說起少年的煩惱：「我最近遇到了一個喜歡的女生。」他羞紅了臉，用手遮住，完全就是一個純情的孩子呀！

這些說說笑笑間，讓我又重新建構對於「難民」的想像。他們和你我一樣，會用 IG 發文，會養隻可愛的貓，有想成爲的樣子，也會遇到喜歡的對象，在不久的將來，結婚生子，成立他自己的家庭，將生命與歷史，延續下去。

難民之於他們，僅是身分的其中一部分，並不是全部，也不會永久。斷過的腿可以被接回重生，受傷的生命依舊不停生出希望。

「如果你成功跟那個女孩，或是任何一位女孩結婚了，我會再回來參加婚禮。」「哇，眞的嗎，實在太棒了！」我們在回家路上，伊斯坦堡的夕陽下，立下了這個約定。

在我結束採訪，準備離開伊斯坦堡前，Hak 與另一位學生 Adam，特別擔任我的專屬導遊，陪我逛了舊城區。我們走進香料市集的一家飾品店，看到某一條手鍊的價格，驚呼好貴呀！店主突然不開心地質問我們從哪裡來？一聽到「敍利亞」三個字，他馬上氣沖沖：「滾出我的店裡，我不希望有敍利亞人在我店裡！我們的政府花錢養你們，你們憑什麼說我賣的東西貴？」

在這之前，我就聽過這群孩子、家長、老師們，提到他們被歧視的經驗，血淋淋的歧視在我眼前發生時，還是讓人震驚不已。我擔心著 Hak 與 Adam 的心情，他們雖然感覺已經習慣了，但失落、憤怒的表情，還是流露在臉上。

難民的確是個難解的議題，土耳其一開始對敘利亞難民的態度其實相當友善，張開雙手歡迎他們的「穆斯林兄弟」，但隨著時間過去，敘利亞內戰仍未停歇，越來越多難民湧出，加以土國自身經濟狀況惡化，難民成爲社會責難的對象，更多的衝突開始升溫。

我無法直接說出誰對誰錯，面對龐大的人權議題，我總感嘆自己的渺小，但當受到歧視的是自己的朋友，我也爲他們心疼與不捨。

我已經很久沒有向宇宙祈禱什麼，覺得自己已擁有許多，人生相當圓滿，不過從今以後，我會時時向宇宙禱告，請祂看顧我的敘利亞朋友們，讓他們能平安健康地生活，並永遠保有他們內心的善良與勇氣。

# 一個人能走多遠

趁著這次差旅機會，我為自己安排了一趟歐洲獨旅，一個人旅行了四十天。走過土耳其、匈牙利、奧地利、捷克、英國，拜訪了十座城市。

這是人生中第一次，這麼長時間的旅行，又是自己一個人，去到未知的遠方。出發前我有好多擔心：會不會不安全？被偷、被搶、被強暴？會不會生病受傷？會不會很寂寞？

沒想到實際出發後，最常感受到的心情是「平靜」，像某個下午的咖啡廳裡，一壺琥珀色的茶。

離開伊斯坦堡後，我搭了十一小時夜車，抵達土耳其中部小鎮卡帕多奇亞。那裡以特殊的喀斯特地形聞名，凹凹凸凸的石灰岩，就像一朵朵蘑菇，生長在這片大地上。觀光客會搭乘熱氣球，從高空中遠眺奇特地景。

第一次搭乘熱氣球，我萬分緊張又興奮，凌晨四點起床，在夜色裡集合。看躺在地上扁扁的球皮，被燃燒器噴出火焰後的熱空氣充滿，漸漸站立起來，我們爬進籐籃，在操作員的推送之下，慢慢升空。

升空的速度緩慢，比我想像的還要平穩，甚至可以完全靜置在空中，毫無一點晃動傾斜。太陽跟著我們升起，一百多個熱氣球像定格畫面一樣，漂浮在空氣裡，背景是奇形怪狀的石塊，底下還不時有求婚、拍美照的人們。

我小心翼翼伸出自拍桿，為自己留下一張紀念照，心裡還是有點懼高怕怕的，可是又好開心，我竟然來到了這個地方，玩著這樣的體驗。

住同間民宿的一對父子，爸爸來自加拿大，與新加坡籍妻子結婚生子後，在法國定居，現在正帶著十六歲的兒子旅行。我們吃早餐時相談甚歡，又相約了共進晚餐，我聽見異國婚姻的有趣與挑戰、法國高中生怎麼看待他們的哲學教育、父親對於孩子卽將面對未來世界的擔憂，瞬間又打開了對世界的認識。

這位爸爸對我說：「妳一個亞洲女生，獨自旅行到這麼遠的地方，眞的很厲害，需要對自己有一定自信的人，才能做得到！」

原本沒有發覺自己的特別，回想起那段時間走在土耳其的街上，確實幾乎沒看到什麼亞洲面孔，更遑論是獨自一人的亞洲女性。

「好像是呢，就像我從沒想過，我可以在這裡跟兩位英語母語者聊天，我從前還以爲自己英語不夠好，我是眞的長出了自信，才敢這麼做。」

沒有實際出走，我不會見證自己的獨立與強大，還一直認爲我辦不到。

從匈牙利布達佩斯，去到奧地利的維也納時，我是用訂票系統預先購買了客運車票，卻沒有注意到中間要進行轉車，且前後時間只有三十分鐘。出發那天我才注意到，要途經斯洛伐克的「布拉提斯拉瓦」轉乘（我也是當天才第一次知道這座城市。）

果然，遇到路上塞車，第一班客運抵達時只剩三分鐘，我拖著行李奔跑，還是眼睜睜看著第二班車從我眼前開走。我沒有焦慮也沒有遲疑，轉身就走進客運總站，找到票務窗口，跟他說明我的狀況，他說只能重買一張，我立刻掏出信用卡買了下一班車。

因禍得福，獲得多停留一座城市一小時的機會，發現這裡的人都很客氣溫柔，心想下次再好好來旅行。直到上了第二班車後，回想起剛剛自己的果斷應變，覺得實在太帥氣了，一點慌張氣憤都沒有，全程淡定沉著。

原先擔心的寂寞問題，也完全沒有發生。我在路上不斷碰到新朋友，在維也納有一位美術老師爲我導覽藝術史博物館，到了布達佩斯遇見來自臺灣的交換生，每天發生的趣事，也透過社群與臺灣朋友分享著，眞的一點都不孤單。

我在匈牙利的聖安德烈小鎮，憑著直覺走到了多瑙河畔，遠方的藍天襯著白雲，我在石階上坐著，靜靜感受著周圍一切。河上有一對老夫妻在划著小船，背後的街道傳來優美的提琴聲，帶有青草味的風微微拂過我的臉。

「我竟然一個人，來到了我從不知道的遠方，好好地活在這裡。」一股暖流從心底湧起，奔出眼眶，我默默在心裡感激媽媽把我生下來，宇宙一直以來的看顧，以及我自己的一路走來，所有周圍朋友愛人的支持。

我是宇宙的寵兒，超級寵兒，那一刻我深深明白了。

其實呀其實，從來沒有人阻擋我這樣過生活，家人沒有、朋友沒有、J沒有，是我自己不敢出發，找了很多藉口，或用「以後」這種說法推遲自己。我知道我就是自己唯一的阻擋者，而從此以後，我都不要再唬弄自己了。

本以爲整趟旅程的情緒，會是興奮、激動，但最常感受到的卻是「平靜」，好像我本來就該在這些地方。

「渴望」在外面敲門已久，每天每天嚷嚷著叫你開門，當你終於打開門，邀請它進來喝一杯茶的時刻，那份渴望就安定下來了，不再喧鬧與攪動，很安靜地，跟你待在一起。

當我們完成了每一份渴望，靈魂將不再躁動不安，取而代之的，會是油然而生的平靜。一如那日的熱氣球，穩穩升至高空後，俯瞰生命裡的起伏跌宕，都是欣賞的眼睛。

# 食慾大開

朋友在出發前送了我一盒保險套，說：「沒有用完，不准回來！」我害羞尷尬地接下這份禮物，心想這任務也太難。我不曾有過一夜情的經驗，一直以來都是與伴侶確認了戀愛關係後，才開始有性愛，要找不認識的陌生人做，實在超乎想像。

在土耳其的最後一個晚上，已經吃烤肉吃到瘋掉的我，亟欲尋找熟悉的亞洲味，在街上亂逛走著，眞的就在某個巷口，讓我發現印了蒸餃、乾麵圖片的招牌。我開心走進餐廳，店主是兩位包著頭巾的女性，臉孔明顯就是亞洲人。

興奮點了乾麵與牛肉清湯後，我問她們從哪邊來？Kyrgysztan，我沒有聽過這個國家，請她在我的手機上打字，一搜尋才發現是吉爾吉斯，我知道這個國家，但是那裡到底有什麼，我從來不曉得。

胃口大開地把乾麵與清湯吃下，腦中迸發出《中華一番》裡，每次吃到美食都會有的慶賀畫面，一群美女跳著扇子舞說：「太～好～吃～啦！」沒想到對面的桌子，突然出現了好幾位帥氣的男性，面孔偏亞洲，卻又帶有西方的深邃，看來是中亞地區的族群。

我一邊吃著美食，一邊瞄著帥哥，還拿手機出來偷拍，發到 IG 上說遇到了帥哥，十足變態。人在國外，沒有偶包，臉皮就變厚了，吃完飯後我決定走近他們的桌子，問能不能一起拍張照？

他們好像被我嚇到，又驚又喜把一旁的朋友，都叫過來拍照。他們不太會說英文，但拍完照後跟我要了 IG，我說會再把照片傳給他，就心滿意足帶著照片回到旅館。

回去後我立刻收到了他們的訊息：「要不要一起去散步？」他們特別把訊息翻成了中文，看來頗有與外國人交流的經驗。那個當下，我感受到了一些「可能性」，我受到他們的外貌、身材吸引，也感覺到他們對我有興趣，「好啊！」我把保險套從行李深處挖出來，放在身上備著，前去赴約。

我走回相遇的那家餐廳，A和I在那邊等我，A來自哈薩克，膚色偏白，比較像是韓系帥哥，雙眼皮再深邃一些；I來自吉爾吉斯，膚色較深，鼻子非常地挺，還留了點小鬍渣，笑起來的時候帶點靦腆。

他們來到土耳其，是爲了接受拳擊與自由搏擊訓練，他們的身材挺拔高壯，衣服底下的胸肌與手臂線條明顯，站在他們旁邊時，我能感受一股安全感。

那時我才知道，原來他們說的是俄語，中亞許多國家過去都是蘇聯的版圖，直到今日，它們與俄羅斯仍有著很深的淵源。語言不通，所以我們是用Google翻譯器溝通的，我們對著手機說話，再給對方看翻譯出來的文字，那是我第一次以這種方式跟別人聊天，好像慢了一格的電影字幕，你先看見了表情與聽見聲音，才知道那是什麼意思。

兩位帥哥年僅二十一歲，當他們問我幾歲時，我眞心不願回答，又想著是不是要謊報只有二十六、二十七？但不擅說謊的我，還是誠實答覆：「三十二。」配上手勢，確保他們有聽懂。他們應該有驚訝了一下，但沒有說出任何回應，馬上就開始問下一個問題，姊姊覺得欣慰。

我們就這樣在夜晚的街上逛著，那座城市我已經待了五天，因爲安全的關係，我總是入夜後就只敢在旅館待著。有他們陪我一起走，我有機會看見了夜晚的蓬勃與絢爛，原來這座城市還有我未曾看過的一面。

藉著Google翻譯，我們聊自己的工作、國家和感情，他們靠近我手機說話時，頭會低下來，離我很近，我的身體並沒有排斥，沒有把頭撇開，享受這樣曖昧的互動。

聽到我去年剛分手，I說他也是：「跟女友分手後，我就飛來了土耳其。」「那你會想念她嗎？」「有些人就算離開了，還是會永遠在你記憶之中。」說實在一開始只看外型時，我比較受A的吸引，但是I的話語讓我發現，他有著沉著內斂的情感，講出來的話也很詩意，好多句話我都截圖了下來，想保存那些很美的句子。

我們穿梭在巷弄，走過喧鬧的酒吧，就像電影《一頁台北》，你意外撞上了陌生人，卻因此瞥見了那一夜（頁）的城市。

我跟他們說這好像電影情節啊，「那妳覺得我們是怎樣的一部電影呢？」「愛情電影。」「但我們有兩個男生，如果要發展戀愛關係，妳想選誰？」弟弟的球丟得直，我最喜歡直接的對決：「兩個我都喜歡，我很開心有兩位帥哥陪我。」「我們也很開心，跟一位漂亮的女生在一起。」微醺的氛圍在空氣中發酵。

逛了一個多小時，我說想回去休息了，隔天一早還要起床趕飛機。「我們覺得這個夜晚有點短，不希望它太快結束。」聽懂了他們的暗示，我跟他們說，可以來我房間坐一下。「我們有點害羞，但是如果妳邀請的話，我們就過去了。」

一進到房間，我們三個人一起坐在床上，他們打開電視，把燈光關按，邀請我到兩人中間，一個人開始撫摸我的上半身，一個人摸下半身。每天都在接受拳擊訓練的手，長了薄薄的一層繭，摸過身體的觸感刺刺的，好像流過一陣電流，我忍不住發出呻吟。他們的手又往私處走去，見我沒有拒絕，猶如獲得了通行證，立刻一把脫去我的褲子與內褲，也把自己的衣褲脫了，彈出堅挺的陰莖。

我趕緊起身去拿保險套，一邊在心中感謝親愛的友人。他們戴上後，輪流進入我的身體。是的你沒看錯，「他們」，兩個人。

那是我人生中第一次的一夜情，第一次與外國人，第一次的3P。原來傳說中的3P是這樣，因為剛好就有兩個人同時在場，兩個人你都喜歡，他們也都不介意，一切就這麼發生了，並沒有這麼獵奇。

已經許久沒有與他人做愛的我，在他們身上感受到了溫熱，起伏的肌肉線條就像山巒，摸起來很舒服。很久沒有發出淫叫的我，感覺自己就像樂器，被彈奏出世上最好聽的聲音。他們的身體非常有力，可以輕易把我整個人抱起，我像隻無尾熊掛在他們身上，他們握著我的手時也扎扎實實，我感覺自己被深深渴望著。

我喜歡我們身體的結合，我喜歡與他們相擁在一起的親密，聽不懂彼此的話語，卻能用喘息與呻吟對話。

激情過後，他們準備離開，「希望妳明天飛行順利，我們會想念妳。」又給了我一個扎實、認真、毫不敷衍的擁抱，近乎窒息的那種，我整個人緊緊被包覆著，彷彿可以在那樣的擁抱中，沉睡千年。
關上房門，我等不及傳訊息給友人，告訴她這突如其來的一切。

# 流出口的血

「欸，我眞的用了保險套，而且還一次兩個！」

「哇！妳太棒了！我爲妳開心，我就知道妳會用到！但一次兩個，是兩個人的意思？」

「對，一次兩個人。」

「天啊，妳完成了我的夢想，我一直很想要嘗試 3P 啊！」

正當朋友祝賀我完成人生大突破，我馬上告訴她：「但是，我的陰道在流血，大流血。」

我原本希望，故事就停留在浪漫激情的一夜，前面所描寫也都是眞的，沒有半點虛假，但故事的B面同時發生了：我們做到一半時，他們停了下來說：「妳在流血。」我才看到床緣一角，已經被染上了血色。

那天他們進入我的身體前，沒有進行什麼前戲，幾乎是直接進入，我感覺到他們的推進艱難，以爲是我太久沒做愛，陰道變得比較狹窄，應該沒有什麼問題。沒想到陰道已受傷，正流著血。

我驚訝從床上站起，看著自己的血跡，他們問：「妳是處女？」我說不是，很尷尬地說出，可能是很久沒有做愛的關係。我擔心他們嚇壞了，安撫著他們：「對不起，嚇到你們了。」「妳上一次月經來是什麼時候？」「兩個禮拜前。」「那妳是不是月經又來了？」

這時候語言不通，反而成爲很好的緩衝，不然我可能會直接懟回去：「這是陰道受傷，不是月經，也不是處女膜破掉。處女膜其實叫陰道冠，是一圈長在陰道上的環狀組織，不會流這麼多的血。月經流出來的感覺也不是這樣，我都三十多歲了，會不知道自己有沒有來月經嗎！」「都是你們沒有先進行前戲，讓陰道濕潤一點再進來啊！」

但當下的我，完全說不出來，只想找地洞鑽下去、消失，做愛時陰道流血，應該是世界上最尷尬最窘迫的事了。

把染血的床單拆掉，擦掉胯下的血漬，看陰道的狀況應該好一點，我們又再進行了一陣子。但擔心陰道的狀況，沒多久我就喊停，他們也尊重我，沒有強迫繼續下去。

把他們送走後，我一個人坐在馬桶上，陰道開始滴血，把馬桶染紅，身上衛生棉剛好用完了，我只能用衛生紙墊著，躺回床上。一邊傳訊息找友人傾訴擔憂，一邊思考萬一血流不止，我的下一步該怎麼辦？請旅館人員送我去醫院？取消後面旅程直接回臺？這是不是太丟臉了，因爲一夜情搞到受傷，導致整趟旅行泡湯？要怎麼跟家人說啊，實在太難以啓齒。

「應該沒事，我之前一陣子沒做愛，重新開始做時，陰道也有流血。」友人的分享讓我稍感安心，上網搜尋「做愛流血」，也看見好多人說她們曾有這樣的經驗。

那天晚上睡得相當不安心，三不五時就醒來檢查一下，幸好隔天血只剩一點點，有成功止住的感覺。

我拖著行李前往機場，跟友人說：「我今天要帶著受傷的陰道，飛去匈牙利。」看到昨晚的I有傳訊息來：「我們已經到家了，妳還好嗎？」「希望我們的離開沒有冒犯到妳，如果有的話，我很抱歉那樣的事發生了。」這個小朋友，竟然心思這麼細膩，還會關心我的心情，讓我稍微感到安慰了一些。

飛到匈牙利布達佩斯後，我趕緊去超市買了衛生棉墊著，後來三天沒有再流大量的血，讓我可以繼續原本的旅程，對陰道感到無限感激。但第四天晚上，因爲預約了夜晚的船遊行程，我走了一段比較長的路，回到旅館時，發現又開始有血流出。

我拿著小鏡子往陰道一照，陰道口像是吐血一樣，鮮血一口一口湧出，我嚇傻了，想著現在該怎麼辦？衛生棉只能承接流出的血，但顯然傷口在裡面，剛好旅館的廁所有提供棉條，這應該是個更好的止血辦法。

我並不習慣使用棉條，只有很久以前去泛舟時，剛好碰上月經，使用了一次，但是把物品塞入陰道，還是不太習慣的一件事。

其實就在這趟旅程前兩個月，我跟朋友一起去柬埔寨，夜半時發現自己來了月經，朋友就拿了棉條給我，我說我不習慣用這個啊，就收在包包裡沒用到。沒想到當時的互動，給了我用棉條止血的靈感。

浸滿鮮血的陰道很濕潤，棉條很輕易就塞入，血沒有再滴出來。我回到房間，認眞搜尋附近的醫院，突然很想念臺灣便利的醫療。「如果眞的進了醫院，就必須要把這件事告訴家人了，媽媽肯定會很擔心，但又覺得我很丟臉吧。」羞愧感爬滿了我全身，早知道就不要這樣，什麼一夜情，根本不適合我，很危險啊！

我一邊流血，一邊大力鞭斥自己，多希望一切倒回那天晚上，不要冒險跨出那一步。突然之間，我感到內在有個聲音跟我說：「可是妳有什麼錯？妳也不過是看到喜歡的人，想要跟他有親密的身體接觸，想要感受被愛的感覺啊！」那是幾天以來，我第一次流出了眼淚，我感覺到很深很深的接納，我對自己的，很深很深的接納。

跟有性慾的對象做愛，本身有錯嗎？如果今天陰道沒有流血，什麼副作用都沒有發生，那這一切關於羞愧、丟臉、恥辱的心情，其實不會發生，所以這些行爲本身，並沒有任何問題。

問題只是，我對自己陰道的掌握與了解太少了，我沒有意識到久未有性器進入的陰道，應該要有多一點的暖身，甚至是日常的保養，我其實都沒什麼理會她。

我對於陰道陌生，可能還有一點抗拒認識她，也是到了一年多前，因爲接到性教育專書撰寫的工作，我才依著書中的引導，拿了小鏡子照看自己的陰道，第一次與她面對面。除此之外，我忽視著她，不曾給她一點關心。

我當時才頓悟自己的荒謬：這個器官長在我身上，二十四小時與我在一起，連我都跟她這麼不熟，又怎麼會期待另一位沒有這器官的人，知道如何好好對待她？

事發當下，流著血的我，第一時間想到的也不是關愛自己，而是怕嚇到弟弟們，選擇了優先安撫他們。在那個只有我與他們的房間裡，沒有其他的旁觀者，來自不同國家、講著不同語言的我們，仍默默地共享了一套性別劇本：男生是主動的，女生是被動的，性愛的節奏與姿勢由他們主導，我連需要前戲的要求都不敢提出。如果過程中我的陰道有狀況，都是我的問題，我自己要承擔。

又再一次印證了我前面所說，親密關係，才是性別運動眞正的戰場，在那一個只有妳與他們的地方，我們有沒有辦法從僵化的性別劇本脫身，反轉互動方式。

我想起曾經與一位伴侶，有很長一段時間沒有性愛，不知道爲什麼，當他一碰到我，身體下意識就想緊縮起來。這個問題卡住我們很久，我不時想著：「沒有辦法滿足他的需求，是我的責任。」「萬一他因此想找其他人做愛，我應該也是沒有立場說什麼。」我因此去上了一些性愛課程，想了解到底是哪裡出了問題？才發現課堂上，好多同學的煩惱都是：「我不想跟我的伴侶做愛，是不是我的問題？」「我們之間很久沒有性行爲了，這很糟糕嗎？」

我想跟伴侶一起討論，怎麼可以讓我的身體舒服，他總是說：「沒關係，妳不想要就不要勉強呀！」聽起來是他非常尊重我，並沒有強迫，但我總感到有點寂寞，好像這是我自己一個人的問題。我沒有說出口的是，我以前和其他人在一起時，性慾非常旺盛，我並不是性冷感的人。怕傷到他的自尊，無法誠實說出口的話，就梗在我們之間，那問題後來直到分手都未能解決。

我太習慣了，把男性的尊嚴與舒服，看得比自己重要，深怕如果我不這樣維護，他們就會生氣、不悅，我就會失去他們的愛，被討厭與拋棄。

眞的是過了三十歲，我才敢把心底所想，眞正說出口：「我的愉悅與舒服，和你的同樣重要，我想要享受性愛，我想要享受我的身體。」這一切有賴於我對自己身體的認識、探索，需要放下對性、對陰道、對身爲女性的羞恥感，去與自己好好在一起。

我又想起一年多以前，聽到那令人震驚的數據：「臺灣每年墮胎量約三十二～四十萬人之間，是出生嬰兒的二～三倍。」因一場性愛而非預期懷孕，必須以藥物或手術處理的女性，一定一定比我有著更多、更深刻的羞愧感吧，責罵自己的不小心、責罵自己的性慾、責罵自己的性別、責罵自己的狠心。

我們能不能試著反轉，給自己比羞愧更深刻的接納，告訴自己：「我對愉悅、親密、高潮的追求，並沒有錯，完全沒有錯。」我們只是需要更認眞地了解，怎麼守護這個身體，盡可能避免發生不舒適、不想要的狀況。萬一眞的遇上了，也沒關係，是身體機制本就如此，不是我們故意如此。妳很勇敢，妳在面對，妳選擇在這一世成爲女性，已是充滿勇氣的靈魂。

這也是爲何我選擇寫下這段經歷，公開自己一夜情而使陰道流血的經驗。我明白這是把自己推入火坑的行爲，已經可以想像蜂擁而至的蕩婦羞辱：「活該，愛玩吧！把自己搞到流血！」也許還會有嗜血標題：「土耳其旅遊一夜情玩 3P，女陰道血流不止。」

我不想要躲在黑暗角落，內疚著自己的不應該，所有女性都不需這樣。我不是跳入了火坑，而是站到了陽光下，讓血流在了世人面前。希望讓女性們知道，我們不要再被性恥辱禁錮了，妳的愉悅本來就很重要；也希望讓男性知道，女生在性愛時所承受的風險，如果你願意一起來了解陰道，學習如何進行安全、健康，而且舒適的性行爲，你的伴侶一定會愛死你，你們都會獲得愉快的體驗。

後來在棉條塞入後，我成功把血止住了，一個禮拜後也來了月經，沒有意外懷孕。回臺灣後第一時間，我就去看了婦產科，人生中少數看內診的經驗，把雙腿打開，露出赤裸的陰道給醫生看。

醫生說沒有什麼狀況，也說性交時流血，可能是潤滑不足、用力不當，或是賀爾蒙週期變化，可能會發生，是正常的。「而且陰道的修復力，本來就非常強大。」我終於安下心來。

沒多久前我去看電影《芭比》，最後一幕是芭比說她要去看婦產科，很多人不理解這是什麼意思？對比電影開頭，芭比說她下面什麼都沒有，好像在說大部分女性，都沒被鼓勵去認識自己的性器官，彷彿「那邊」是不存在的。但好好認識自己的身體，注重這個器官的特性與健康，是身爲女性的我們，永遠要放在第一順位的事。

現在這道血不只流出了陰道，也從我的口流出，希望永恆印在書頁上的血漬，都能讓我們記得一些什麼。

# 與陰道共舞

我終於把手指放進自己的陰道了，在三十二歲這一年。在男人們的手指、陰莖；醫生的鴨嘴器、採檢棒；衛生棉條、保險套都進來過後，我摸進了自己的陰道。

熱熱的、軟軟的，把整根手指頭包覆起來，原來我的陰道摸起來是這種感覺。沒有太特別或激動，但這一路我走了三十幾年，她明明離我這麼近。

報名了身體愉悅課，跟著性愛講師的音檔引導，練習取悅自己的身體，我喜歡怎樣的觸碰？什麼音樂會讓我感到放鬆自在？哪個姿勢最讓我舒服？女性的勃起組織有哪些、如何運作？像個新生兒一樣，從零開始學習。

把房間的燈光關暗、拉起窗簾、關上房門，點上清爽的薄荷精油，放慵懶迷幻的電子樂，坐在瑜伽墊上，從腳掌開始，一寸一寸向上撫摸。整個手掌的包覆靜靜安撫身體，偶爾換成指尖撩過的觸碰，一路激起酥麻與興奮。

身體越來越放鬆，想脫掉衣服隨著音樂跳舞，我全裸跑到鏡子前面，開始扭動身體，悠悠地、緩緩地。陰毛與乳頭成為視覺焦點，左右上下晃動，一點也不尷尬、害羞，覺得半夜在鏡子前跟陰道共舞的我，美極了。

我甚至在鏡子前自慰，看著手指刺激陰道，臉上輕輕皺起眉頭，嘴巴微微張開，眼神迷濛陶醉，那「淫蕩」的樣子，也美極了。

其實我對身體的性愉悅，啓蒙得很早。在幼稚園某天睡午覺時，我將身體趴在睡袋裡，突然感覺到下面有個突出的點，如果跟地板摩擦，會很舒服，而且那個舒服會一直疊加上去，到某一個高點，雙腿夾緊，會衝上頂點，再放鬆下來就會很舒爽，更好入睡。

沒有任何人教，我就知道要怎麼自慰，但同時也沒有任何人教，我就知道這不該讓其他人知道，這是我跟自己的小祕密，只能在大家都睡著的時候，老師、家人不注意的時候進行。

但好像藏得不太好，不小心讓老師發現了，她告訴媽媽：「她有時睡午覺時，會憋氣一陣子，下半身開始亂動，然後又吐一大口氣。」他們敘說得委婉，但怎麼可能不知道這就是在自慰呢？只是一個幼稚園的孩子會自慰，對他們來說可能難以接受。

從此以後我就知道，要把這件事藏得更深，等大人全部睡著，才可以進行。但每回自慰後，感到愉悅的同時，羞愧感也緊追上來，內心交戰不已，我告訴自己這是糟糕的行爲，不能太常進行，要控制自己。

直到長大以後才知道，孩童的自慰行爲其實相當正常，因爲這就是生物本能。尚未被社會規範框架的孩子，才是最正常的，對於性沒有過多的羞愧，自然而然在身體感受的引導下，享受愉悅。

如果能有時光機，我會回去跟當時的自己說：「妳的自慰很正常，妳一點問題也沒有。」

在蘇美神話裡，主宰天地的女神伊南娜，就是很懂得主導性事，享受性愉悅的女性。她在長成女人之後，某天看到自己的外陰，就坐在樹下欣賞了好久，驚嘆這個生命的泉源，竟是如此有力量的存在。

當她要挑選伴侶時，她非常知道自己要什麼，什麼才能滋養她的子宮聖殿。一位牧羊人杜牧齊想得到她的青睞，一來一往與她辯論了很久，才證明自己做爲伴侶，能夠爲女王帶來價值。從頭到尾，伊南娜都沒有放低姿態，而是知道，她要找到一個跟她一樣，擁有勇敢、決心、毅力的靈魂。

他們感受到彼此的性吸引力，神聖地結合，伊南娜很滿意，說他們有超過五十次完美的性愛。毫不羞恥，無需隱晦，千年前的神話如此裸露自然，向女性們揭示：「擁抱自己的身體，把愉悅擺在第一，本來就可以理直氣壯。」

在成長的過程裡，我們把太多的祕密與羞恥，塞進陰道裡了，現在我要一個一個拿出來，不讓陰道承受不該屬於她的，還她自由，還原每一位女神。

如果有人覺得我放肆、浪蕩，說我瘋了也罷，我只是想活回自己。

# #MeToo

「我生產幾個月後，跟老公重新恢復性愛時，陰道也流了血。」自從我開始與朋友聊性事，發現很多朋友都有相似的經驗，說出口的瞬間，才明白我們並不奇怪。

就是因爲羞於討論吧，過去發生這些事時，我們多數時候是一個人承受，頂多是上網查找資料，尋求遠方的慰藉與指引，但對親密的友人，卻不知如何開口。

性一直以來，都是社會的集體羞恥來源，這樣的羞愧感反而成爲我們的弱點，輕則讓人不敢討論性經驗，重則讓人在遭受性暴力時不敢發聲，甚至在戰爭時，大規模的性侵還被當成對一個群體最殘暴的羞辱。

在此書寫作期間，臺灣終於爆發遲來的 #MeToo 浪潮，我很開心看見：人們集體開口的時刻到來了。

從霍金斯博士的《心靈能量》一書觀點來看，這正是從「羞恥」爬升到「勇氣」的過程。

霍金斯博士將人類常見的各種情緒，以超過百萬次的肌肉測試，測驗出各種能量的等級，寫成《心靈能量》一書。以能量值二〇〇的勇氣為中間點，往下是我們常說的「負能量」，依序是驕傲、憤怒、慾望、恐懼、悲傷、冷漠、內疚、羞恥。

我們回想自己的人生經驗，其實可以感覺到不同情緒的「生命力」，在憤怒時我們充滿力氣與行動力，但往下的冷漠，已經失去對事物的反應，而最底層的內疚與羞恥，就是一種希望自己「消失」的情緒，覺得自己不值得存在在世界上。

從 #MeToo 受害者的陳述來看，羞恥常常攫取著他們，包含：

1. 社會普遍認爲性是羞恥的，特別對於女性來說，如果妳被他人侵犯，妳的身體就是骯髒、不潔的。

2. 妳被侵犯是因爲妳沒有保護好自己，就像有受害者說，她對自己很憤怒，竟然在覺察到對方有問題的狀況下，還繼續跟對方互動。

3. 在事情發生的當下，受害者還是擔心是否誤會他人，或是自己的言行造成對方誤會，把錯誤都攬在身上，不斷經歷內疚。

4. 當把事情告訴別人，別人說是妳想太多了，當事人又反過來檢討自己，是否眞的太過敏感。

5. 當聽聞有其他的受害者時，也會爲當年自己的輕放感到愧疚，覺得是自己的無作爲，間接造成下一起加害事件。

如果情緒是十八層地獄，那羞恥就是第十九層，導致人走向「自我消滅」。但 #MeToo 公開指認，就是從能量只有二〇的羞恥，飛越了羞愧、恐懼等階段，一下子拔升到了二〇〇的勇氣。不再是躲在黑暗中，獨自守著傷口與羞恥的祕密，而是帶著傷疤站到陽光下，讓世人看見眞相。

我不再是個沒力量的人，我帶我自己飛了上來。就像我們看到其中一位受害者，面對加害者的提告，不再退縮，反而說：「再次感受到，當年窒息的壓力，但是這次我會勇敢，法院見。」

我們都因爲這份的勇敢，一起感受到了力量。而心靈能量眞的是可以抵消的，一個等級七〇〇的人，就可抵消七千萬個等級二〇〇以下的人，所以所有願意突破自我的靈魂，我們都要感謝與祝福，他就是在爲人們「消業障」。任何願意以眞誠態度聊性事的人，都是。

從開口聊聊開始，#MeToo精神或許能擴大成：「我也有陰道流血的經驗」「我也有在約砲。」「我也想玩3P。」「我也有墮胎過。」「我也得過性病。」「我也性慾旺盛。」「我也想試試看車震。」「我也不喜歡性愛。」「我也覺得做愛超痛。」「我也從未有過性經驗。」

我也有一個……的性經驗。
我也想要……的性體驗。
我發現我有……的性慾望。
我的性幻想也是……。

關鍵字在於「也」，是認可、是靠近、是共鳴、是同享，說出口的瞬間，或許找到同類，又或是發現自己的獨特。

一個陰道開口，第二個陰道就會開口，無數個陰道一起開口，就能集體發出我們的聲音，眾聲喧譁。

我期待人們開始從黑暗中出逃，不再把原始慾望壓進深淵，那反而會豢養出將吞沒我們的巨獸。從承認他們開始，感受他們、討論他們、理解他們、擁抱他們。

這是一個會痛、會尷尬、會衝突，但必須的清創過程，會有越來越多勇敢、願意面對自我的靈魂，帶我們一起走往開闊的未來。

# 順著心動向前走

聽了陰道流血的故事，朋友問我：「妳會後悔做了這件事嗎？」這個問題的答案，取決於身體狀態，如果是流血當下的我，當然是後悔萬分，但是現在回過頭看，我一點也不後悔。

沒有那個晚上的突破，我不會正視自己的性慾，看見自己的身體，進而去體會所有女性在性愛中的羞愧感，再對自己生出深刻的接納。

而且那個晚上的相遇，讓我瞥見了另一個我從沒想過的世界。當A和I對我說著俄語，是我第一次親耳聽見這個語言，它簡短、俐落，有時近乎冷漠，但說出口的句子，仍舊可以充滿詩意。

我到達布達佩斯後，偶然在路上發現一間復古戲院，拍了照傳給I看，他注意到戲院的名稱「PUSKIN」，說：「這是以詩人的名字命名的。」我才知道那是俄國詩人普希金。「他是我最喜歡的作家。」I的心裡果然住了一位詩人。

上網搜尋了普希金的詩，原來有名的〈假如生活欺騙了你〉就是他的作品，他的其他情詩，也真摯動人。俄語使用的西里爾文字，有著與英語相同的字母，也有從未看過的奇怪符號，打開了我對俄語的好奇。在YouTube找了俄語教學影片，發現在有英語能力的基礎下，好像並沒有這麼難以入門，拼音文字比起中文，實在要簡單許多，於是默默地就開始學了。

這是我在英文以外，第一個學習的外語，爲了知道如何快速了解一種語言，看了很多YouTuber介紹它們的學習法，偶然認識了「印歐語音變規律」，才知道我們如今眼花撩亂的英文、法文、德文、西班牙文、俄文等，其實系出同源，只是隨著流傳到不同地方，被改變成當地習慣的發音方式，可以視爲不同地區的「方言」。而每個字母被創造出來時，也有它代表的意思，譬如A就是牛角，在古代擁有牲畜是最重要的事，有牲畜就能農耕生產食物，所以擺在第一位。許多與尖角有關的詞彙，例如：arrow（箭）、angle（角度），才會是A開頭。

我的腦洞大開，原來學了快三十年的英文，並不是一地散亂的單字，而是有系統的符號學，過去從沒有人這樣告訴我們。突然覺得學習歐語其實很有趣，每個單字都是一隻小精靈。

當A和I跟我說俄語時，我也生出另一個新的好奇：說著不同語言的我們，所認知的世界，會不會因爲語言的影響而有所不同？比如「惆悵」一詞，在俄語裡有直接對應的詞彙嗎？如果沒有的話，代表他們這輩子都不會感知到這種感受嗎？還是他們用了其他的語彙，來描繪同一種情感？

循著這份好奇心往下走，我搜尋了更多資料，發現了世界上有「認知語言學」這門科學，研究著語言如何影響人類的認知。例如：我們時常使用的譬喻：愛情是一場戰爭、愛情是一段旅程、愛情是一支雙人舞，你選擇用什麼樣的意象去表達抽象的經驗與情感，背後都有著不同的認知。

這門科學，整合了所有我有興趣的主題：語言學、心理學、神經科學、哲學，下單了一些書籍準備閱讀，也許以後，我可以往這個領域探索更多。

我當然也查找了吉爾吉斯這個國家，第一次看見那裡的壯麗山川、蔚藍湖水，有馬匹在吃草，與我從小生長的城市景觀，截然不同，我對於這樣的大山大水，也心生嚮往。旅遊清單上，又多了一個目的地。

這一連串發現新奇的過程，讓我像個孩子發出驚呼，彷彿俄羅斯娃娃，拆開竟然還有一層；也像受到糖果誘惑的孩子，一步步前進，撞上了新的世界。

而開啓一切的第一個訊號，就是「心動」。

因爲對一個人的心動，你朝他衝刺，近看才知道，到底是什麼吸引了你？

有你們很相似，對於文學、浪漫情懷的喜愛；有你們很不一樣，身處的文化、宗教。不一樣的地方，成了生命可以擴展的空間，過去你因有限的經驗，無法接觸到這些事物，但他們一直都存在著。直到「逢魔時刻」，天將黑未黑的黃昏時分，時空打開了一處裂口，你終於與那些魔幻相遇，展開奇異之旅。

「心動」是一件好重要、好重要的事，沒有邏輯，無法解釋，來自靈魂最原始的召喚，只有你一個人聽得到的鼓聲。試想如果人的一生，不再總是客觀理性，就這麼允許自己朝著心動狂奔，人生會變得怎麼樣？

我常常因爲心動的力量，豐沛了好多生命經驗：曾有伴侶喜歡聽英文歌，我就陪著他一起聽，英文跟著變好了；過去害怕狗狗的我，認識了愛狗的J，轉身變成一位狗奴；K說過他喜愛某位大師的作品，我也去認識了這位大師，想知道他從中看見了什麼。

因爲對一個人心動，所以想去了解他的世界，在這個過程裡，有著想與對方靠近的心意，也有單純想滿足自己的好奇心，並不需要對方的認肯，也不會隨著情感結束而斷開。比如在與J分開後，Netflix 出現了眞人版《航海王》，過去一直很好奇J爲什麼喜歡這部作品，但無奈影集與動漫集數太多的我，這下終於有機會認識這部作品，即使J已走遠。

這麼說來，「戀愛腦」其實是好事一件，你可以好好地運用這份愛，向新事物衝刺。就算愛人最終像外國使者，離開了你的國度，他們爲你帶來的「貢品」，讓你得以知曉遠方的風景，聽見從未想像的故事，你心中的領土便突破邊界，向外擴張了。

這就是眞正的「女英雄的旅程」吧，我們的征途不是打敗誰，而是涵融、接納。依靠愛的力量，將更多人事物收進懷裡，彼此依賴、滋養，最終你成爲了最強大，也最柔軟的存在，因爲你的生命裡，有好多好多愛。

來吧！對每一次的心動與渴望，都大聲地說：「我要！我要！我要！」

# 切開，是爲了癒合

心血來潮把第二本著作《我想和自己，好好在一起》拿出來讀了一遍，在把它塵封了好久之後。

不知道作者是不是都有奇妙的失智症狀，明明是自己寫出的文字，看著卻覺得陌生：「咦！我曾經這麼想呀？」「這麼棒的句子是出自我手嗎！」好像在看另一位作家寫的書。

大概是原本緊抓在心裡的思緒，一旦被恆久印到紙上後，我就可以放心淡忘了，因爲這些眞心換來的體悟，已有地方安放。

想起書剛出版時，我關注的只有賣得好不好，怨嘆明明掏心掏肺去寫了，爲何讀者反映不像第一本熱絡？我寫的很爛嗎？難道我太自以爲了，這些不是大家需要的嗎？這本書就被我擱置在書架許久，成爲娘不疼的孩子，也成爲我重返全職工作的契機，開啓後面的一路變化。

記得剛開完刀後，坐在家裡看電視，剛好知名主持人曾寶儀在法鼓山論壇上分享：「自從我出版《人生最大的成就，是成爲你自己》後，生命的大魔考才開始，我每天就像被問：『妳眞的活得，像妳書中所說的那樣嗎？』」我彷彿也是這樣，被生命拷問：「妳眞的有每天，和自己好好在一起嗎？」

直到生病後學會了照顧身體、重新選擇了適合的工作方式、也誠實面對了心中的感情。此時此刻我才敢說，是的，我與自己好好在一起了。

翻開我的文字，曾這樣寫失戀：「等傷口淡到只剩下疤痕了，妳會怕痛、怕再次撞傷，但不管怎樣都不能廢了，妳要開始復健，回歸日常，復原就是爲了能如常生活，再次愛得狼狽也好，去當一個人類，愛恨嗔痴、笑淚交織。」

我確確實實就是這樣，很有生命力地奔跑、跌倒，再復原、起跑。「這些文字能夠幫助到人。」我一邊讀、一邊確信了這件事，無論它是否賣座，都是一本好書，一個好孩子。

大腸開刀的傷口，也在過了一年之後，完全復原了。雖然因爲蟹足腫的關係，肚子中間的疤痕，變成一條十公分的蚯蚓，但我覺得很性感，是身體征戰過的榮譽。

我再次見證生命的頑強，所有的切開，都是為了癒合，清理完畢，就騰出了空間，能容納不同的世界，誕生出全新的自我。

蘇美女神伊南娜，還有另一個著名的啓示故事，就是她身爲天地女王，卻自願下到冥府，死去又復活重生。她知道那黑暗的地下，有她需要的力量，於是便穿戴著七樣寶物，敲開冥府的大門。

冥府的管理者同時也是伊南娜的姊姊，嫉妒伊南娜總能在天地間來去自如，還想闖入冥府，於是故意刁難她，要她在七道門面前，一樣一樣卸下寶物，最後便把失去保護、赤裸的伊南娜殺了。

幸好伊南娜在入冥府前，就知道自己可能死去，已安排好請其他神明來拯救她。最後在她巧妙的安排下，她死去又復活，帶著冥府的力量完整歸來，成爲更強大的自己。

這故事我聽得太有感觸，就像我切掉六公分大腸、六個月工作、六年感情，澈底支離破碎，打掉重練。卻沒想到在下一個年頭，迎來意想不到的工作、旅行、情慾驚喜。

有人說「666」是代表著撒旦的惡魔數字，但我更喜歡的是另一個天使數字的說法：

666這個數字在提醒，你可以「比現在更出色」，你是一個擁有無限可能的靈性存在，你的想像力、創造力都沒有限制，你應該去想像你的未來，以及你想成爲什麼樣的人，往正確的道路邁進，並好好地愛和接受自己。

眞的是這樣，我活出了更出色的版本，衝破以往對自己的限制信念，去過一個更大膽、更渴望的生活。

現在我也把這個 666 天使訊息，傳遞給閱讀此書的你，請你永遠要相信：你是一個沒有極限的存在，清楚自己的心意，明白心之所向，用你與生俱來的創造力，去打造出熱愛的場景，在地球建構人間天堂。

生離死別依舊會發生，有一日你也將遠去，但那一天你將帶著微笑，輕輕地說：「我無所遺憾，不負此行了。」幫助更多人這樣輕盈地活著，就是我期待的人間天堂，謝謝你也在這裡。

後記
# 女神的誕生

第三本書，本來是要與Ｊ一起寫的。

兩年前，當我們又聊到對婚姻看法的不同時，Ｊ靈機一動：「不然來寫一本《我們不結婚，但是一直在一起》好了！」一邊寫、一邊探討非婚姻形式的終生伴侶可能。

我愛極了這個提案，也愛極了我眼前的這個男人，能有這樣的氣度與意願，跟我一起探索這一題，我想世上找不到第二個。

不過剛進到大綱討論階段，我們就吵了一架，發現兩人沒有共識，我們把自己想得太成熟了。於是企劃就這麼胎死腹中。

後來某個夜晚，當我做完瑜伽抬起頭，剛好與站在床上的小襪子平行對視，「姊姊，妳可以寫我跟妳的故事啊！」襪子寶寶突然給了我一個提案，我激動地跟J說，我要來做繪本！

找到了出版社，也認眞發想了內容，但過程總覺得卡卡地，像是爲寫而寫，進度嚴重停滯。

直到住院開刀、離職養病、與J分手，生活瞬間歷經驟變，才迸發出明明確確的靈感：「我要把過去這一年的蛻變全都寫下來，這是一個女性的心靈發展之路。」

一年多前我在女性僻靜營裡，燒進火堆裡的那個心願：「世上有太多壓抑，不快樂、不自信的女性，我對這樣的情況感到憤怒，但我不要只是生氣，我要起身行動。」

原以爲進到性別媒體工作，會是我實踐的途徑；但一路對自己的再發現，才讓我看見我不一定要去改變誰，做什麼偉大的倡議，僅僅是從自身開始轉變，已是一種革命。因爲我就是她們，我並不是站在高高的位置上，舉著旗幟，而是就站在她們之中。

詩人納伊拉．瓦希德（Nayyirah Waheed）曾說：「愛自己，是史上最安靜、最簡易、最有力的革命！」現在就是每個人開啓這場革命的時候。

女性的壓抑，有來自社會的、關係的，可是更多時候，是我們也習慣了那樣的自我敍事，認爲自己總要找人依賴，等待一位救世主，來帶著我成爲想要的樣子。

即使像我這樣，自覺擁有性別意識，讀過許多女性主義的人，骨子裡都隱隱擁有想偷懶的惰性，默默順從了一直想摒棄的性別劇本。

回到獨自一人，用自己的腳學習站立，才發現我超乎想像地有力量。我希望所有人類都要知道這件事——你們很有力量，生命本身就充滿力量。

「這個世界需要更多憤怒的女人、不乖的女人、邪惡的女人、放蕩的女人、野性的女人。」我曾經寫下的文字，竟然成了一種自我預言，我正活成這些樣子。

那場僻靜營在最後，舉辦了一場「女神誕生」的儀式，大家輪流坐到竹席鋪成的「神殿」上，爲自己命名封號，並接受衆人的獻花與讚揚。

「我是遊戲女神！」「我是重生女神！」「我是戰鬥女神！」每位夥伴給自己的取名，都好符合她們的特質與故事，果然每個人的內在都是一位神。

輪到我的時候，我坐上神殿，閉上眼睛，靜靜地說：「我是洞見與分享女神。」衆人歡呼，獻上祝福：「謝謝妳帶給我們清醒的話語。」「謝謝妳的沉著與智慧。」「謝謝妳是妳。」

洞見，從字面上的意思來看，像是走入一個深邃洞穴裡，看看裡頭到底有什麼；又像是安定待在一座洞穴裡，細細對各種問題進行思考。

黑暗中有寶藏，這世界需要更多黑暗中的故事，不是「黑暗的故事」，而是黑暗「中」的故事。黑暗本身是一個廣袤的空間，乘載了無數的眞實經驗，裡頭充滿生命「可以」是什麼的智慧。

人生裡發生的所有事，我都期待自己能在細膩品味過後，沉澱出洞見，分享給所有在黑洞裡受苦，或是躲在黑洞之外，不敢探尋的人們。

是不是女神我不知道，但是洞見與分享的火炬，我會一直高擧。當你有所需要，請讓我爲你照亮。

國家圖書館出版品預行編目(CIP)資料

我不想活得正確，只想活得像自己：朝著心動狂奔，工作、身體、愛情、情慾全面打掉重練的這一年 / 曾彥菁 Amazing 著 . -- 初版 . -- 新北市：虎吉文化有限公司，2023.11

面；　公分 . -- (Mind ; 5)

ISBN 978-626-97496-4-5( 平裝 )

1.CST: 人生哲學 2.CST: 自我實現

191.9　　112018374

虎吉文化

Mind 05

**我不想活得正確，只想活得像自己**

朝著心動狂奔，工作、身體、愛情、情慾全面打掉重練的這一年

作　　者　曾彥菁 Amazing
總 編 輯　何玉美
校　　對　張秀雲
封面設計　楊雅屏
內頁設計　楊雅屏
排　　版　陳佩君
行銷企畫　王思婕
發　　行　虎吉文化有限公司
地　　址　新北市淡水區民權路 25 號 3 樓之 5
電　　話　（02）8809-6377
客　　服　hugibooks@gmail.com

經 銷 商　大和書報圖書公司
電　　話　(02)8990-2588

印　　刷　沐春行銷創意有限公司
初版一刷　2023 年 11 月 29 日
初版二刷　2024 年 1 月 9 日
定　　價　380 元
I S B N　978-626-97496-4-5